Roman Schneider

Instagram Ratgeber Nr. 1

Wie man in Instagram erfolgreich Follower aufbauen und Geld verdienen kann!

Roman Schneider

INSTAGRAM RATGEBER NR.1

Wie man in Instagram erfolgreich Follower aufbauen
und Geld verdienen kann

Impressum

Bibliografische Information der Deutschen Nationalbibliothek:
Die Deutsche Nationalbibliothek verzeichnet diese
Publikation in der Deutschen Nationalbibliografie;
detaillierte bibliografische Daten sind im Internet
über http://dnb.dnb.de abrufbar.

Herstellung und Verlag:
BoD – Books on Demand, Norderstedt

ISBN: 978-3-7583-8361-8

Inhaltsverzeichnis

Während man früher Instagram vornehmlich zur Unterhaltung benutzt hat und lustige Katzenvideos oder Backrezepte angeschaut hat, ist Instagram mittlerweile zur knallharten Geldverdien-Maschine geworden. Für Unternehmer ist es kein „nice-to-have" mehr, sondern ein „must". Mit Instagram kann man schnell und erfolgreich große Zielgruppen erreichen und das mit relativ kleinem Aufwand.

Mit Instagram können sowohl No-Name-Teenies aus dem Dorf über Nacht zum Millionär werden als auch Unternehmen ein Produkt erfolgreich lancieren. Die richtige Instagram-Nutzung kann darüber entscheiden, ob ein Restaurant-Betreiber sein Lokal regelmäßig voll hat oder er auf leere Tische schaut.

Mit Instagram, der richtigen Idee und der richtigen Vorgehensweise kann man schnell viel Geld verdienen und sich von seinem Nine-To-Five-Job verabschieden oder gar vom Strand in Dubai sein Geschäft managen. Teilweise ohne Wareneinsatz, ohne Angestellte und ohne großes Investment.

Was man dabei beachten muss und wie man am besten vorgeht, um schnell die richtigen Follower aufzubauen und seinen Instagram-Kanal zu monetarisieren, zeigen wir in diesem Ratgeber.

Wir sagen, was man tun und was man besser lassen sollte.

Man braucht nicht viel, um mit Instagram erfolgreich zu werden. Im Prinzip reichen ein Handy, eine Internetflatrate und dieses Buch.

Wenn Sie in diesem Impressum lesen, haben Sie bereits den ersten Schritt zum Erfolg gemacht. Das Geld für dieses Buch haben Sie schnell wieder raus, wenn Sie es ganz durchlesen. Nicht querlesen, ganz durchlesen. Es kann Ihr Leben verändern.

Lassen Sie sich nicht blenden von angeblichen Instagram-Sternchen, die Ihnen für Tausende oder Hunderte Euros zeigen wollen, wie man mit Instagram Millionär wird und das aus einer Wohnung in Dubai dokumentieren. Das meiste Geld verdienen solche Leute meist damit, dass Instagram-Anfänger Ihnen die Kurse abkaufen, wie man reicht wird. Reich werden mit Instagram ist erst einmal harte Arbeit und Fleiß. Es fällt nicht vom Himmel.

Wir zeigen Ihnen, wie Sie die Grundlagen dafür legen, mit Instagram Follower aufzubauen und mit diesen dann Geld zu verdienen. Wer alles richtig macht, baut so schnell in wenigen Monaten Zehntausende Follower auf. Und mit diesen lässt sich dann Geld verdienen. Wie, zeigen wir im Buch.

Warum Instagram zum Onlinemarketing nutzen?

Instagram hat sich seit seiner Einführung im Jahr 2010 von einer einfachen Foto-Sharing-App zu einer der einflussreichsten Social-Media-Plattformen weltweit entwickelt. Mit über einer Milliarde aktiven Nutzern pro Monat bietet Instagram Unternehmen eine einzigartige Möglichkeit, ihre Marke zu präsentieren, mit Kunden zu interagieren und letztlich **Umsatz zu generieren.** In diesem Kapitel werden wir untersuchen, warum Instagram ein unverzichtbares Werkzeug im Online-Marketing ist, und wie Unternehmen diese Plattform optimal nutzen können.

Hohe Nutzerzahlen und Reichweite

Eine der offensichtlichsten Vorteile von Instagram ist die enorme Nutzerbasis. Mit über einer Milliarde monatlich aktiver Nutzer bietet Instagram eine riesige potenzielle Zielgruppe für Unternehmen jeder Größe. Besonders bemerkenswert ist die demografische Zusammensetzung der Nutzer: Ein großer Teil der Instagram-Nutzer gehört zur Altersgruppe der 18- bis 34-Jährigen, was die Plattform besonders attraktiv für Marken macht, die junge Erwachsene ansprechen möchten.

Die hohe Nutzerzahl allein ist jedoch nicht der einzige Grund, warum Instagram so wertvoll ist. Die Plattform ermöglicht es Marken, ihre Inhalte einem breiten und vielfältigen Publikum zu präsentieren. Durch gezielte Hashtags, Standort-Tags und die Nutzung von Instagram-Ads können Unternehmen ihre Reichweite erheblich erhöhen und neue Zielgruppen erschließen.

Visuelles Storytelling

Instagram ist eine visuelle Plattform, die es Marken ermöglicht, durch Bilder und Videos Geschichten zu erzählen. Visuelles Storytelling ist ein mächtiges Werkzeug im Marketing, da es Emotionen weckt und eine tiefere Verbindung zum Publikum herstellt. Ansprechende visuelle Inhalte können die Aufmerksamkeit der Nutzer auf sich ziehen und sie dazu anregen, mehr über eine Marke zu erfahren.

Ein gut kuratiertes Instagram-Profil kann die Markenidentität stärken und das Markenimage positiv beeinflussen. Durch die Konsistenz in der visuellen Darstellung – sei es durch Farben, Filter oder Layouts – können Unternehmen eine Wiedererkennbarkeit schaffen, die sie von der Konkurrenz abhebt.

Interaktion und Engagement

Instagram bietet zahlreiche Möglichkeiten für direkte Interaktionen zwischen Marken und ihren Kunden. Funktionen wie Kommentare, Direktnachrichten, Stories und Live-Videos ermöglichen es Unternehmen, in Echtzeit mit ihrem Publikum zu kommunizieren. Diese Interaktionen tragen dazu bei, eine stärkere Kundenbindung aufzubauen und ein Gefühl der Gemeinschaft zu fördern.

Engagement ist ein wesentlicher Aspekt des Online-Marketings, und Instagram hat eine der höchsten Engagement-Raten unter den sozialen Netzwerken. Beiträge auf Instagram erhalten oft mehr Likes, Kommentare und Shares im Vergleich zu anderen Plattformen. Dieses hohe Engagement kann dazu beitragen, die Sichtbarkeit einer Marke zu erhöhen und eine treue Anhängerschaft aufzubauen.

Nutzung von Influencer-Marketing

Influencer-Marketing ist eine der effektivsten Strategien auf Instagram. Influencer sind Nutzer mit einer großen Anhängerschaft, die aufgrund ihrer Expertise, Authentizität oder Prominenz vertrauenswürdig sind. Marken können mit Influencern zusammenarbeiten, um so ihre Artikel oder Dienstleistungen einem breiteren Publikum vorzustellen.

Durch Influencer-Marketing können Unternehmen das Vertrauen und die Glaubwürdigkeit ihrer Marke steigern. Influencer haben oft eine enge Beziehung zu ihren Followern, und ihre Empfehlungen werden eher als authentisch und glaubwürdig wahrgenommen. Dies kann die Kaufbereitschaft der Follower erhöhen und den Umsatz ankurbeln.

Zielgerichtete Werbung

Instagram bietet umfangreiche Werbemöglichkeiten, die es Unternehmen ermöglichen, ihre Zielgruppe präzise zu erreichen. Die Plattform nutzt die umfangreichen Daten von Facebook, um zielgerichtete Anzeigen zu schalten, die auf demografischen Merkmalen, Interessen, Verhalten und mehr basieren. Unternehmen können verschiedene Anzeigenformate nutzen, darunter Fotoanzeigen, Videoanzeigen, Karussellanzeigen und Story-Anzeigen.

Durch die Nutzung von Instagram-Ads können Unternehmen ihre Reichweite erhöhen und potenzielle Kunden gezielt ansprechen. Die detaillierten Analyse-Tools von Instagram ermöglichen es, die Leistung von Anzeigen zu überwachen und zu optimieren, um die besten Ergebnisse zu erzielen.

Erhöhung der Markenbekanntheit

Eine starke Präsenz auf Instagram kann erheblich zur **Erhöhung der Markenbekanntheit** beitragen. Regelmäßige Beiträge, die ansprechend und relevant sind, können dazu führen, dass die Marke häufiger gesehen und wiedererkannt wird. **Unternehmen können Instagram nutzen, um neue Produkte einzuführen, Veranstaltungen zu bewerben oder besondere Aktionen anzukündigen.**

Durch das Teilen von nutzergenerierten Inhalten können Unternehmen ihre Markenbekanntheit weiter steigern. Wenn zufriedene Kunden Fotos oder Videos von Produkten teilen und die Marke taggen, erreicht dies potenziell deren gesamte Anhängerschaft und erweitert so die Reichweite der Marke organisch.

Verkaufsförderung

Instagram bietet Funktionen, die speziell darauf abzielen, den Verkauf zu fördern. Mit der Einführung von Shopping-Features können Unternehmen Produkte direkt auf der Plattform verkaufen. Nutzer können Produktbilder sehen, Details erfahren und Käufe tätigen, ohne Instagram verlassen zu müssen.

Diese nahtlose Integration des Einkaufserlebnisses auf Instagram macht es für Kunden einfacher und bequemer, Einkäufe zu tätigen, was die Konversionsraten erhöhen kann. Unternehmen können auch Instagram-Stories nutzen, um exklusive Angebote oder zeitlich begrenzte Aktionen zu bewerben, was zusätzliche Kaufanreize schafft.

Analytik und Insights

Eine der Stärken von Instagram im Online-Marketing ist die Verfügbarkeit detaillierter Analysedaten. Instagram Insights bietet umfassende Daten zu Reichweite, Impressionen, Engagement und mehr. Diese Informationen sind entscheidend, um die Effektivität der Marketingstrategien zu messen und zu optimieren.

Durch die Analyse dieser Daten können Unternehmen besser verstehen, welche Inhalte gut ankommen und welche weniger erfolgreich sind. Dies ermöglicht es, die Content-Strategie anzupassen und kontinuierlich zu verbessern, um die bestmöglichen Ergebnisse zu erzielen.

Aufbau einer Markenidentität

Instagram ermöglicht es Unternehmen, eine starke und konsistente Markenidentität aufzubauen. Durch die regelmäßige Veröffentlichung von Inhalten, die den Kernwerten und der Ästhetik der Marke entsprechen, können Unternehmen eine klare und erkennbare Markenpersönlichkeit schaffen. Dies hilft nicht nur dabei, die Marke von der Konkurrenz abzuheben, sondern auch dabei, eine treue Anhängerschaft aufzubauen.

Unternehmen können auch die verschiedenen Funktionen von Instagram nutzen, um ihre Markenidentität zu stärken. Instagram Stories und Live-Videos bieten beispielsweise die Möglichkeit, einen Blick hinter die Kulissen zu gewähren und die menschliche Seite der Marke zu zeigen. Dies kann dazu beitragen, eine engere Verbindung zu den Followern aufzubauen und die Authentizität der Marke zu betonen.

Wettbewerbsvorteil

Die Nutzung von Instagram im Online-Marketing kann Unternehmen einen wichtigen Wettbewerbsvorteil verschaffen. Da immer mehr Unternehmen die Vorteile von Social Media erkennen und nutzen, wird es zunehmend wichtig, sich von der Masse abzuheben. Eine gut durchdachte und umgesetzte Instagram-Strategie kann genau das leisten.

Unternehmen, die Instagram effektiv nutzen, können ihre Sichtbarkeit erhöhen, ihre Zielgruppe besser ansprechen und eine stärkere Kundenbindung aufbauen. Dies kann langfristig zu einem nachhaltigen Wettbewerbsvorteil führen und das Unternehmenswachstum fördern.

International und auch in Deutschland gibt es einige beeindru-ckende Erfolgsgeschichten von Influencern und Marken, die mit Instagram erfolgreich durchgestartet sind:

1. Chiara Ferragni

Chiara Ferragni (@chiaraferragni), auch bekannt als „The Blonde Salad", ist eine der bekanntesten Mode-Influencerinnen welt-weit. Ihre Reise begann mit einem einfachen Modeblog im Jahr 2009. Durch kontinuierliches Posten von hochwertigen Bildern und Fashion-Tipps auf Instagram konnte sie eine riesige Fange-meinde aufbauen. Heute hat sie **über 28 Millionen Follower** und arbeitet mit großen Marken wie Dior, Louis Vuitton und Chanel zusammen. Ferragni hat nicht nur als Influencerin Erfolg, son-dern auch ihre eigene Schuhlinie und ein Modelabel gegründet, das Millionenumsätze erzielt.

2. Kayla Itsines

Die australische Fitnesstrainerin Kayla Itsines (@kayla_itsines) hat Instagram genutzt, um eine globale Fitness-Community auf-zubauen. Mit ihrem „Bikini Body Guide" und der dazugehörigen App „Sweat" hat sie Millionen von Frauen weltweit inspiriert, fit-ter und gesünder zu leben. Ihre authentischen und motivieren-den Posts haben ihr über 15 Millionen Follower eingebracht. Kayla hat es geschafft, ihre Online-Präsenz in ein erfolgreiches Geschäft umzuwandeln, das Fitnessprogramme, Bücher und Merchandise verkauft. Im Grunde sieht sie dabei nicht besser aus als ein Mädchen vom Dorf in Deutschland. Sie hat aber flei-ßig und regelmäßig eine beliebte Nische (Fitness) bedient und wurde so außerordentlich erfolgreich. Wenn Sie jetzt einen Pro-teinriegel in die Kamera hält, verdient sie damit in 3 Minuten mehr Geld als viele andere mit 6 Monaten Büroarbeit.

3. Huda Kattan

Huda Kattan (@hudabeauty), besser bekannt als Huda Beauty, hat Instagram genutzt, um ihre Leidenschaft für Make-up in ein Milliardenunternehmen zu verwandeln. Kattan begann mit dem Teilen von Make-up-Tutorials und Beauty-Tipps auf Instagram. Ihre ehrlichen Bewertungen und beeindruckenden Looks brachten ihr schnell eine große Anhängerschaft ein. Heute hat sie über 50 Millionen Follower und ihre Marke „Huda Beauty" ist weltweit bekannt und in führenden Kosmetikgeschäften erhältlich. Ungeschminkt sieht sie nicht besser aus als die Burger-Verkäuferin im Freiburger Hauptbahnhof. Sie hat aber in der richtigen Nische und mit dem richtigen Vorgehen ein Millionenpublikum erreicht und verdient damit jetzt auch Millionen. Mitte 2024 hatte sie bereits über 54 Millionen Follower.

4. Daniel Schütz

Der Deutsche Daniel Schütz (@jeremyfragrance) hat in Instagram eine beeindruckende Karriere hingelegt: Von Videos über bestehende Parfüms bis hin zur Produktion eigener Düfte hat er sich auch in überschaubarer Zeit ein eigenes Imperium aufgebaut – inkl. regelmäßiger TV-Präsenz und mittlerweile über 2,7 Millionen Followern. Aufgewachsen ist er als Kind polnischer Einwanderer in Oldenburg. Dieses Beispiel zeigt, dass im Prinzip jeder, der konsistent und hartnäckig sein Ziel verfolgt, in Instagram erfolgreich zu sein, sein Ziel erreichen kann.

Marken-Erfolgsgeschichten

1. Glossier

Glossier (@glossier) ist ein Paradebeispiel für eine Marke, die Instagram effektiv genutzt hat, um sich in der hart umkämpften Schönheitsindustrie zu etablieren. Die Marke wurde erst 2014 von Emily Weiss gegründet und setzte von Anfang an auf Social Media, um eine Community von Beauty-Enthusiasten aufzubauen. Durch das Teilen von Kundenfeedback, User-Generated Content und authentischen Geschichten konnte Glossier eine starke, loyale Anhängerschaft gewinnen. Heute ist Glossier vor allen Dingen in USA eine bekannte Marke mit mehr als 3 Millionen Followern und einem wachsenden Produktportfolio. Man muss nicht 10 oder 50 Millionen Follower haben.

2. Daniel Wellington

Die Uhrenmarke Daniel Wellington (@danielwellington) hat gezeigt, wie man Instagram nutzt, um eine Marke von Grund auf aufzubauen. Anstatt in traditionelle Werbung zu investieren, setzte Daniel Wellington auf Influencer-Marketing. Die Marke arbeitete **mit tausenden Mikro-Influencern** zusammen, die ihre stilvollen, in Schweden designten Uhren auf Instagram präsentierten. Diese Strategie führte zu einer massiven Markenbekanntheit und beeindruckenden Verkaufszahlen. Heute hat Daniel Wellington **über 4 Millionen Follower** und ist weltweit erfolgreich.

3. Nike

Nike ist eine der größten und bekanntesten Sportmarken der Welt und hat Instagram meisterhaft genutzt, um seine Markenpräsenz zu verstärken. Mit kreativen Kampagnen, die emotionale Geschichten und beeindruckende Visuals beinhalten, hat Nike Millionen von Followern auf Instagram gewonnen. Kampagnen wie „Just Do It" und die Zusammenarbeit mit prominenten Athleten und Influencern haben dazu beigetragen, die Markenbindung zu stärken und die Verkäufe zu steigern. Nike nutzt auch Instagram Stories und IGTV, um exklusive Inhalte und Einblicke hinter die Kulissen zu teilen.

4. Check24

Das Unternehmen Check24 (@check24.de) hat zeitlich passend zur Fußball EM in Deutschland 2024 ein kostenloses Fußball-T-Shirt angeboten. Es wurde im Wesentlichen auch über Instagram angeboten. Interessenten haben es kostenlos erhalten, wenn sie auch die Instagramm App heruntergeladen haben. Das Unternehmen hatte mit maximal 1,5 Millionen T-Shirts gerechnet. Man stoppte die Aktion bei 5 Millionen verschickten T-Shirts und hat nun die Daten von zahlreichen möglichen Neukunden. Zudem sind praktisch auf allen TV-Aufnahmen zur Fußball-EM immer Fußball-Fans mit Check24-T-Shirt zu sehen. Einer der größten Marketing-Erfolge seit dem Zweiten Weltkrieg. Und das mit nur ca. 37.000 Followern. Aber durch Teilen von Beiträgen und Reels kann man ein Millionenpublikum erreichen.

Gemeinsame Erfolgsfaktoren erfolgreicher Instagram-Konten:

1. Authentizität

Ein gemeinsamer Erfolgsfaktor bei allen oben genannten Influencern und Marken ist Authentizität. Nutzer schätzen ehrliche und authentische Inhalte, die eine persönliche Verbindung herstellen. Influencer und Marken, die ihre wahren Geschichten teilen und authentisch bleiben, gewinnen das Vertrauen und die Loyalität ihrer Follower.

2. Engagement

Erfolgreiche Influencer und Marken interagieren *regelmäßig* mit ihren Followern. Sei es durch das Beantworten von Kommentaren, das Teilen von User-Generated Content oder das Veranstalten von Live-Sessions – Engagement ist entscheidend, um eine engagierte Community aufzubauen und zu pflegen.

3. Konsistenz

Konsistenz in der Veröffentlichung von Inhalten ist ein weiterer Schlüssel zum Erfolg auf Instagram. Regelmäßige Posts und eine einheitliche Ästhetik helfen dabei, die Aufmerksamkeit der Follower aufrechtzuerhalten und die Markenidentität zu stärken.

4. Nutzung von Trends und Hashtags

Das Nutzen aktueller Trends und relevanter Hashtags kann die Sichtbarkeit von Beiträgen erhöhen. Erfolgreiche Influencer und Marken halten sich über die neuesten Trends auf dem Laufenden und integrieren sie geschickt in ihre Inhalte.

5. Kreativität

Kreative und innovative Inhalte stechen auf Instagram besonders hervor. Erfolgreiche Nutzer nutzen verschiedene Formate wie Fotos, Videos, Stories und Reels, um ihre Botschaften ansprechend zu vermitteln. Spätestens seit 2024 zählen Reels zu den besonders erfolgreichen Formaten auf Instagram.

Erstellung eines Instagram Kontos

1.1 Schritt-für-Schritt-Anleitung zur Kontoerstellung

1.1.1 Herunterladen der App

Um mit Instagram zu beginnen, müssen Sie die Instagram-App auf Ihr Smartphone herunterladen. Die App ist sowohl im Apple App Store für iOS-Geräte als auch im Google Play Store für Android-Geräte verfügbar. Sie müssen auf jeden Fall die Instagram-App auf einem Mobilgerät (Smartphone) installieren. Später können Sie ergänzen auch Instagram auf einem Desktop-Browser installieren. Dort sind jedoch nicht alle Funktionen verfügbar, die das Smartphone bietet. Instagram lebt auch davon, dass Sie spontan unterwegs mit dem Handy mal eine Aufnahme machen und hochladen. Daher ist die Installation auf dem Smartphone unabdingbar.

1.1.2 Anmeldung

Nach dem Herunterladen und Öffnen der App haben Sie die Möglichkeit, sich mit Ihrer E-Mail-Adresse, Telefonnummer oder Ihrem Facebook-Konto anzumelden.

- **E-Mail/Telefonnummer:** Geben Sie Ihre E-Mail-Adresse oder Telefonnummer ein und erstellen Sie ein Passwort.

- **Facebook:** Wenn Sie sich über Facebook anmelden, verbindet Instagram automatisch Ihr Facebook-Profil mit Ihrem Instagram-Konto.

1.1.3 Profil einrichten

- **Benutzername:** Wählen Sie einen eindeutigen Benutzernamen, der leicht zu merken und zu finden ist. Optimalerweise erläutert der Benutzername schon, womit Sie sich befassen. Als Hundefutter-Experte nennen Sie sich also „GluecklicheHunde", „goodfoodfordogs" o.ä.

- **Passwort:** Definieren Sie ein sicheres Passwort, um Ihr Konto zu schützen. „12345" oder Ihr Username gehören nicht zu den besten Passwörtern.

1.1.4 Profilbild und Informationen

- **Profilbild:** Wählen Sie ein ansprechendes Profilbild, das Sie oder Ihr Unternehmen gut repräsentiert. Sie können es später wechseln.

- **Name:** Geben Sie Ihren vollständigen Namen oder den Namen Ihres Unternehmens ein.

- **Bio:** Verfassen Sie eine kurze Bio, die Ihr Profil beschreibt und neugierig macht.

Wie optimiert man sein Instagram-Profil: Bio, Profilbild und Highlights

2.1 Optimierung der Bio

2.1.1 Was ist eine Bio?

Die Bio ist die kurze Beschreibung unter Ihrem Profilbild und Benutzernamen. Sie bietet eine großartige Möglichkeit, sich kurz vorzustellen und den Besuchern Ihres Profils mitzuteilen, wer Sie sind und was Sie tun.

2.1.2 Tipps zur Erstellung einer ansprechenden Bio

- **Klar und prägnant:** Nutzen Sie die 150 Zeichen effektiv, um Ihre Persönlichkeit oder Ihre Marke zu beschreiben.

- **Verwenden Sie Schlüsselwörter:** Integrieren Sie relevante Schlüsselwörter, die Ihr Profil leicht auffindbar machen. Wenn Sie also über Restaurants in Freiburg berichten wollen, sollte auch „Restaurants in Freiburg" in der Beschreibung vorkommen

- **Call-to-Action (CTA):** Fügen Sie einen CTA hinzu, wie z.B. einen Link zu Ihrer Website oder einem speziellen Angebot.

2.2 Auswahl des richtigen Profilbilds

2.2.1 Bedeutung des Profilbilds

Ihr Profilbild ist das erste, was die Leute sehen, wenn sie Ihr Profil besuchen. Es sollte professionell und einprägsam sein.

2.2.2 Tipps für ein gutes Profilbild

- **Hohe Qualität:** Verwenden Sie ein hochauflösendes Bild. Grob verpixelte Bilder erwecken einen Eindruck von Inkompetenz

- **Repräsentativ:** Wählen Sie ein Bild, das Sie oder Ihr Unternehmen gut repräsentiert.

- **Konsistenz:** Verwenden Sie das gleiche Bild auf allen Social-Media-Plattformen, um einen Wiedererkennungswert zu erzielen.

-

2.3 Highlights erstellen und nutzen

2.3.1 Was sind Highlights?

Highlights sind Stories, die Sie auf Ihrem Profil speichern können, um wichtige Inhalte dauerhaft zu präsentieren. Sie können bei der Story-Erstellung selbst bestimmen, ob die Story nach 24h wieder sang- und klanglos verschwinden soll oder ob diese unter Highlights auch später aufrufbar sein soll. Wenn Sie z.b. Kochrezepte auf dem Instagram-Account veröffentlichen wollen, können Sie z.b. Highlights für Rubriken erstellen: „Vorspeisen", „Mittagessen", „Abendessen", „Nachtisch", „vegane Gerichte", etc.

2.3.2 Tipps zur Erstellung von Highlights

- **Thematische Organisation:** Organisieren Sie Ihre Highlights nach Themen. Jedes Highlight darf maximal 100 Fotos oder Videos enthalten.

- **Ansprechende Cover:** Verwenden Sie individuelle Cover-Bilder für jedes Highlight, z.B. ein Bild aus der besten Story zu dem Bereich.

- **Aktualität:** Halten Sie Ihre Highlights aktuell und relevant.

- **Länge von Highlight-**Titeln: Die Bezeichnung einer Highlight-Gruppe darf höchstens 15 Zeichen lang sein, Instagram schneidet aber gerne nach 10 oder 11 Zeichen ab und ersetzt den Rest durch Pünktchen. Besser daher: 10 Zeichen Länge

Die wichtigsten Funktionen: Beiträge, Stories, Reels und IGTV

3.1 Beiträge

3.1.1 Arten von Beiträgen

- **Fotos:** Klassische Bildposts.

- **Videos:** Kurze Videoclips.

- **Karussell-Posts:** Mehrere Bilder oder Videos in einem Post.

3.1.2 Tipps für erfolgreiche Beiträge

- **Qualität:** Achten Sie auf hohe Bild- und Videoqualität. Es muss nicht perfekt sein, aber verwackelt und unscharf sollten sie den Usern ersparen.

- **Konsistenz:** Posten Sie regelmäßig, um Ihre Follower zu engagieren.

- **Engagement:** Verwenden Sie Hashtags, Ortsangaben und Tagging, um Ihre Reichweite zu erhöhen.

3.2 Stories

3.2.1 Was sind Stories?

Stories sind flüchtige Inhalte, die nach 24 Stunden verschwinden (wenn Sie sie nicht unter „Highlights" konservieren. Sie bieten eine großartige Möglichkeit, spontane und authentische Momente zu teilen.

3.2.2 Tipps für ansprechende Stories

- **Interaktivität:** Nutzen Sie Umfragen, Fragen und Quizze, um Ihre Follower zu engagieren.

- **Kreativität:** Verwenden Sie Sticker, GIFs und Filter, um Ihre Stories ansprechender zu gestalten.

- **Storytelling:** Erzählen Sie Geschichten oder nehmen Sie Ihre Follower mit hinter die Kulissen.

3.3 Reels

3.3.1 Was sind Reels?

Reels sind kurze, kreative Videos mit Musik, Effekten und Bearbeitungsmöglichkeiten, die besonders bei jüngeren Nutzern beliebt sind.

3.3.2 Tipps für erfolgreiche Reels

- **Trends nutzen:** Halten Sie sich über aktuelle Trends auf dem Laufenden und integrieren Sie diese in Ihre Reels.

- **Kreativität zeigen:** Seien Sie kreativ und originell, um Aufmerksamkeit zu erregen.

- **Musik und Effekte:** Nutzen Sie die umfangreiche Musik- und Effektbibliothek von Instagram.

- **Der Anfang muss stimmen:** User entscheiden in den ersten Sekunden, ob sie weiterschauen oder nicht. Also müssen schon die ersten 2-3 Sekunden des Reels interessant sein.

- **Nicht zu lang:** Reels können bis zu 90 Sekunden lang sein, - es gibt schon Tests mit 3 Minuten.

- **Thema, Ort, Musik, Titel:** Immer ergänzen. Vor dem Hochladen eines Reels immer:

  - Eine Überschrift im Bild anbringen

- Den Ort lokalisieren
- Musik oder Text unterlegen, wenn nicht der Originalsound alleinig genutzt werden soll
- Die Caption (Bild-Unterschrift) mit Text füllen, indem die Keywords vorkommen
- Hashtags ergänzen (10-15), also das „#"-Zeichen gefolgt von einem Keyword. Für Freiburg also: #Freiburg

Immer wieder taucht die Frage auf, ob ein „normaler" Account bei Instagram ausreicht, um professionell zu starten.

Nein, das tut er nicht.

Machen Sie in Instagram-Einstellungen das Häkchen bei „Profi-Account", damit Sie auch professionell agieren können!

Ein normaler und ein Profi-Account bei Instagram unterscheiden sich hauptsächlich in den Funktionen und Möglichkeiten, die sie den Nutzern bieten:

1. **Kontaktmöglichkeiten**:

   o **Normaler Account**: Ein normaler Account erlaubt es dir, Beiträge zu teilen, Stories zu veröffentlichen und Direktnachrichten zu senden und zu empfangen.

   o **Profi-Account**: Ein Profi-Account bietet zusätzlich die Möglichkeit, Kontaktinformationen wie eine Kontaktmöglichkeit (z.B. Telefonnummer, E-Mail-Adresse) und eine physische Adresse anzugeben, um direkte Interaktionen außerhalb von Instagram zu erleichtern.

2. **Analytics und Insights**:

   o **Normaler Account**: Ein normaler Account hat begrenzte Zugriffsmöglichkeiten auf Statistiken wie die Anzahl der Impressionen und Interaktionen.

- o **Profi-Account**: *Ein Profi-Account **bietet detaillierte Einblicke in die Performance** deiner Beiträge und deines Profils, einschließlich Informationen über deine Follower, Reichweite, Engagement-Raten und mehr. Diese Insights können helfen, die Effektivität deiner Inhalte zu analysieren und zu verbessern.*

3. **Werbeanzeigen und Promotions**:

   - o **Normaler Account**: Ein normaler Account kann Werbung schalten, jedoch nicht in dem Maße wie ein Profi-Account.

   - o **Profi-Account**: Ein Profi-Account ermöglicht es dir, spezielle Werbekampagnen zu erstellen, Beiträge zu bewerben und Zielgruppen gezielt anzusprechen. Dies ist besonders nützlich für Unternehmen und Influencer, die ihre Reichweite gezielt ausbauen möchten.

4. **Verknüpfung mit anderen Plattformen**:

   - o **Normaler Account**: Ein normaler Account erlaubt keine direkte Verknüpfung mit anderen Diensten und Plattformen.

   - o **Profi-Account**: Ein Profi-Account bietet die Möglichkeit, dein Instagram-Profil mit Facebook-Seiten zu verknüpfen, was die Integration und Verwaltung von Werbung und Inhalten erleichtert.

Insgesamt bietet ein Profi-Account also erweiterte Funktionen und Analysemöglichkeiten, die speziell für Unternehmen, Marken und Influencer relevant sind, die ihre Präsenz auf Instagram strategisch ausbauen und optimieren möchten.

Content-Strategie für Instagram entwickeln

Bevor man in Instagram einfach loslegt und wie wild postet, sollte man sich Gedanken machen, was man eigentlich möchte.

Nur, wenn man weiß, wo man hinmöchte, kann man auch dort ankommen.

Wen möchte man erreichen?

Was möchte man erreichen?

Wie möchte man das Ziel erreichen?

Es wirkt unprofessionell, wenn man mal ein Katzenvideo hochlädt und dann ein Kochrezept, um am nächsten Tag über einen Politiker zu schimpfen.

Zielgruppenanalyse: Wer ist Ihre Zielgruppe?

Eine erfolgreiche Content-Strategie beginnt mit der genauen Kenntnis Ihrer Zielgruppe. Ohne ein klares Verständnis darüber, wen Sie erreichen möchten, kann selbst der beste Content ins Leere laufen. In diesem Abschnitt werden wir Schritt für Schritt durchgehen, wie Sie Ihre Zielgruppe analysieren und definieren können.

Demografische Merkmale

Der erste Schritt zur Zielgruppenanalyse ist die Untersuchung der demografischen Merkmale Ihrer potenziellen Follower.

Diese können Alter, Geschlecht, Beruf, Bildungsgrad und Standort umfassen. Nutzen Sie dazu vorhandene Datenquellen wie Google Analytics, Instagram Insights oder andere Marktforschungsberichte. Fragen Sie sich:

- In welchem Altersbereich befinden sich Ihre Follower und auch ihre möglichen Käufer/Kunden?
- Welche Geschlechter dominieren Ihre Zielgruppe?
- In welchen geografischen Regionen sind Ihre Follower ansässig?
- Welche Sprachen sprechen sie?

Psychografische Merkmale

Neben den demografischen Merkmalen sind auch psychografische Aspekte entscheidend. Diese umfassen die Persönlichkeit, Interessen, Werte und Lebensstile Ihrer Zielgruppe. Stellen Sie sich Fragen wie:

- Welche Hobbys und Interessen hat Ihre Zielgruppe?
- Welche Werte und Überzeugungen sind ihnen wichtig?
- Welche Lebensstile verfolgen sie?

Eine Methode, um diese Informationen zu sammeln, sind Umfragen und Interviews. Sprechen Sie direkt mit Ihren Followern oder potenziellen Followern, um tiefere Einblicke zu erhalten.

Verhalten und Bedürfnisse

Verstehen Sie, wie sich Ihre Zielgruppe auf Instagram verhält und welche Bedürfnisse sie hat. Analysieren Sie:

- Welche Art von Inhalten konsumieren sie am meisten?

- Zu welchen Zeiten sind sie am aktivsten?

- Welche Probleme oder Herausforderungen haben sie, die Sie mit Ihrem Content lösen können?

Instagram Insights bietet wertvolle Informationen darüber, welche Posts am meisten Engagement erhalten und zu welchen Zeiten Ihre Follower am aktivsten sind.

Erstellen von Zielgruppen-Personas

Basierend auf den gesammelten Daten können Sie detaillierte Zielgruppen-Personas erstellen. Diese fiktiven Charaktere repräsentieren die wichtigsten Segmente Ihrer Zielgruppe und helfen Ihnen, Inhalte gezielt zu entwickeln. Eine Persona könnte folgendermaßen aussehen:

- **Name:** Tamara

- **Alter:** 29 Jahre

- **Beruf:** Marketing-Managerin

- **Interessen:** Fitness, Reisen, Nachhaltigkeit

- **Bedürfnisse:** Tipps für eine gesunde Work-Life-Balance, nachhaltige Reisemöglichkeiten

Diese Personas sollten so detailliert wie möglich sein, um Ihnen ein klares Bild davon zu geben, für wen Sie Inhalte erstellen.

Nachdem Sie Ihre Zielgruppe genau definiert haben, ist der nächste Schritt die Planung Ihrer Inhalte. Ein gut durchdachter Content-Plan hilft Ihnen, konsistent zu posten und Ihre Zielgruppe effektiv zu erreichen.

Themenwahl

Die Wahl der richtigen Themen ist entscheidend für den Erfolg Ihrer Content-Strategie. Fragen Sie sich:

- Welche Themen interessieren meine Zielgruppe am meisten?

- Welche Probleme oder Fragen kann ich mit meinem Content beantworten?

- Wie kann ich meine Expertise und meinen einzigartigen Blickwinkel einbringen?

Ein guter Ansatz ist die Erstellung einer Themenliste. Denken Sie an alle relevanten Bereiche, die Ihre Zielgruppe interessieren könnten, und listen Sie diese auf. Beispielthemen für einen Fitness-Account könnten sein: Trainingspläne, Ernährungstipps, Motivationszitate, Erfolgsgeschichten und Produktbewertungen.

Content-Formate

Instagram bietet verschiedene Content-Formate wie Posts, Stories oder Reels. Überlegen Sie, welche Formate am besten zu Ihren Themen passen und bei Ihrer Zielgruppe gut ankommen. Ein abwechslungsreicher Mix aus verschiedenen Formaten hält Ihre

Follower interessiert und engagiert. Wir haben immer gute Er-fahrungen damit gemacht,

- Täglich ein Reel zu posten
- Das Reel auch als Story hochzuladen
- Täglich mehrere Storys zu posten

Ohne Fleiß kein Preis.

Content-Kalender

Ein Content-Kalender hilft Ihnen, den Überblick zu behalten und regelmäßig zu posten. Planen Sie im Voraus, welche Inhalte Sie wann veröffentlichen möchten. Ein typischer Content-Kalender könnte so aussehen:

- **Montag:** Motivationszitat (Post)

- **Dienstag:** Trainingstipp (Story)

- **Mittwoch:** Rezept für eine gesunde Mahlzeit (Reel)

- **Donnerstag:** Q&A-Session (IGTV)

- **Freitag:** Erfolgsgeschichte eines Followers (Post)

Nutzen Sie Tools wie Trello, Asana oder spezielle Social-Media-Planungstools, um Ihren Content-Kalender zu erstellen und zu verwalten. Am Anfang reicht es aus, wenn man mit dem Handy und dem Desktop Reels und Storys tagesaktuell hochlädt. Wer es professionell angeht, nutzt früher oder später auch professionelle Software dazu. Profi-Software, die in diesem Bereich benutzt wird:

1. **Hootsuite**
   Hootsuite ist ein weit verbreitetes Social-Media-Management-Tool, das umfassende Funktionen für die Planung und Analyse von Beiträgen bietet. Es unterstützt verschiedene Plattformen wie Instagram, Facebook,

Twitter, LinkedIn und mehr. Hootsuite ist besonders nützlich für große Teams und Unternehmen aufgrund seiner umfangreichen Analytik- und Social-Listening-Funktionen

2. **Swat.io**

Swat.io ist ein vielseitiges Tool, das Funktionen wie Content-Planung, Community-Management und detaillierte Analysen bietet. Es ist besonders für Teams und Agenturen geeignet, die eine zentrale Plattform für ihre Social-Media-Aktivitäten suchen. Swat.io unterstützt Plattformen wie Facebook, Instagram, Twitter, LinkedIn, YouTube und mehr.

3. **Buffer**

Buffer ist bekannt für seine Benutzerfreundlichkeit und eignet sich besonders für Einsteiger und kleine Teams. Es unterstützt die Planung und Veröffentlichung von Beiträgen auf Plattformen wie Instagram, Facebook, Twitter, LinkedIn und Pinterest. Buffer bietet auch grundlegende Analysefunktionen und eine „Re-Buffer"-Funktion, um Beiträge, die keine hohe Reichweite erzielt haben, erneut zu posten.

4. **SocialHub**

SocialHub ist ein umfassendes Tool für das Social-Media-Management, das eine zentrale Inbox für alle Social-Media-Kanäle bietet. Es erleichtert die Planung und das Monitoring von Beiträgen und bietet umfangreiche Analysefunktionen. SocialHub eignet sich gut für Teams und größere Organisationen, die eine zentrale Verwaltung ihrer Social-Media-Aktivitäten benötigen.

5. **Later**
   Later ist besonders auf Instagram spezialisiert und bietet eine visuelle Planung per Drag-and-Drop. Es unterstützt auch andere Plattformen wie Facebook, Twitter, LinkedIn, Pinterest und TikTok. Later ist ideal für Influencer und kleine Unternehmen, die einen starken Fokus auf visuelle Inhalte haben.

6. **Zoho Social**
   Zoho Social ist bekannt für seine Integration mit anderen Zoho-Produkten und bietet umfassende Funktionen für die Planung und Analyse von Social-Media-Beiträgen. Es unterstützt Plattformen wie Facebook, Twitter, LinkedIn und Instagram. Zoho Social ist besonders nützlich für Unternehmen, die Social-Media-Management mit CRM-Funktionen kombinieren möchten

7. **Agorapulse**
   Agorapulse bietet umfangreiche Funktionen für das Social-Media-Management, einschließlich einer zentralen Inbox, Social-Media-Monitoring und detaillierten Analysen. Es unterstützt die Planung von Beiträgen auf verschiedenen Plattformen und eignet sich gut für professionelle Anwender und Agenturen. Agorapulse bietet verschiedene Preismodelle und eine kostenlose Testversion.

Diese Tools bieten eine Vielzahl von Funktionen und Preismodellen, sodass Sie dasjenige auswählen können, das am besten zu Ihren spezifischen Bedürfnissen und Ihrem Budget passt. Die Programme kosten zwar Geld, aber die 50 bis 150€, die man dort investiert, sind gut investiertes Geld, weil sie ihm einen das ständige Wechseln zwischen den

Kanälen ersparen. Wer sich einmal die Mühe macht, ein Instagram-Video zu erstellen, sollte dies auch gleich für Tiktok, Youtube und auch Facebook nutzen, um die Reichweite zu maximieren. Die Entstehungskosten des Videos fallen nur einmal an und für die Verbreitung auf mehrere Kanäle genügen später dann ein paar Klicks. Es wäre dumm, darauf zu verzichten.

Aber Anfang reicht es, wenn man erst einmal auf Instagram startet und dort Erfahrungen sammelt.

Häufigkeit und Timing

Wie oft sollten Sie posten? Das hängt von Ihrer Zielgruppe und den Ressourcen ab, die Ihnen zur Verfügung stehen. Eine allgemeine Faustregel ist, mindestens 3–5-mal pro Woche zu posten, um relevant zu bleiben. Probieren Sie verschiedene Postingzeiten aus, um herauszufinden, wann Ihre Zielgruppe im Internet ist und sich Instagram-Beiträge anschaut. Nutzen Sie Instagram Insights, um die besten Zeiten für Ihre Posts zu ermitteln.

Wir haben bei all den Accounts, die wir betreut haben, die Erfahrung gemacht, dass der wesentliche Schlüssel zum Erfolg das regelmäßige Posten ist.

Nicht posten, wenn der Praktikant Lust und Zeit hat, sondern regelmäßig.

Wir haben die beste Erfahrung mit TÄGLICH einem Reel gemacht und täglich mindestens 2-3 Stories. Das sollte man mindestens über die Werktage durchziehen. Profis machen dies auch am Wochenende.

Kontinuierliche Anpassung

Ein Content-Plan ist nie in Stein gemeißelt. Analysieren Sie regelmäßig die Performance Ihrer Posts und passen Sie Ihre Strategie entsprechend an. Welche Inhalte funktionieren gut? Welche weniger? Nutzen Sie diese Erkenntnisse, um Ihren Plan kontinuierlich zu verbessern. Beantworten Sie sich die folgenden Fragen:

- Welche Reels in den letzten 10 Tagen hatten die meisten Aufrufe?
- Welche Reels hatten die meisten „gefällt mir" und welche die meisten Kommentare?
- Über was haben sich die User in den Kommentaren unterhalten und was war die mehrheitliche Meinung?

Orientieren Sie sich an erfolgreichen Reels und versuchen Sie, erneut in dieselbe Kerbe zu hauen.

Wenn das Video mit dem Hund des Hausmeisters vor dem Schreibtisch des Chefs die meisten Klicks hatte, machen Sie noch eins und laden dies hoch.

Ein ansprechendes und konsistentes visuelles Erscheinungsbild ist auf Instagram besonders wichtig. Es hilft Ihnen, Ihre Marke zu stärken und wiedererkannt zu werden.

Farbpalette und Stil

Wählen Sie eine feste Farbpalette und einen visuellen Stil für Ihre Inhalte. Diese sollten zu Ihrer Marke passen und ein einheitliches Erscheinungsbild schaffen. Überlegen Sie:

- Welche Farben repräsentieren meine Marke?

- Welche Stimmung und Atmosphäre sollen meine Bilder vermitteln?

- Welche Schriftarten und Designelemente nutze ich regelmäßig?

Ein Beispiel: Ein Reiseblogger könnte sich für eine Palette aus warmen Erdtönen entscheiden, um ein Gefühl von Abenteuer und Natur zu vermitteln.

Wechseln Sie nicht ständig zwischen Schriftarten, Schriftgrößen und Farben, sondern versuchen, ein einheitliches Erscheinungsbild Ihrer Reels, Beiträge und Storys zu erreichen.

Bildqualität und Bearbeitung

Hochwertige Bilder sind auf Instagram ein Muss. Achten Sie darauf, dass Ihre Fotos gut belichtet und scharf sind. Nutzen Sie Bildbearbeitungsprogramme wie Adobe Lightroom oder Apps wie VSCO, um Ihre Bilder zu optimieren. Verwenden Sie immer die gleichen Filter und Bearbeitungsstile, um eine konsistente Ästhetik zu gewährleisten. Am Anfang reicht aber auch ein halbwegs vernünftiges Smartphone, um Videos und Bilder zu machen.

Layout und Feed-Gestaltung

Die Anordnung Ihrer Posts im Instagram-Feed sollte durchdacht sein. Ein harmonischer Feed zieht neue Follower an und hält bestehende Follower interessiert. Planen Sie die Reihenfolge Ihrer Posts so, dass sie visuell ansprechend sind. Nutzen Sie Tools wie Planoly oder Preview, um Ihren Feed im Voraus zu planen und zu sehen, wie Ihre Posts zusammenwirken.

Branding-Elemente

Integrieren Sie Ihre Branding-Elemente konsequent in Ihre Posts. Dazu können Ihr Logo, Wasserzeichen oder spezifische Designelemente gehören. Diese helfen, Ihre Inhalte sofort erkennbar zu machen. Achten Sie darauf, diese Elemente dezent und nicht aufdringlich zu platzieren.

Authentizität und Originalität

Während Konsistenz wichtig ist, sollten Sie auch authentisch und original bleiben. Ihre Follower schätzen echte Einblicke und persönliche Geschichten. Zeigen Sie hinter den Kulissen, teilen Sie persönliche Erlebnisse und bleiben Sie Ihrer Markenpersönlichkeit treu.

Analysieren und Anpassen

Wie bei der Content-Planung sollten Sie auch Ihre visuelle Strategie regelmäßig überprüfen und anpassen. Welche Posts erhalten das meiste positive Feedback? Welche Designelemente kommen gut an? Nutzen Sie diese Erkenntnisse, um Ihre visuelle Ästhetik kontinuierlich zu verfeinern.

Beispiele erfolgreicher Accounts

Studieren Sie erfolgreiche Instagram-Accounts in Ihrer Nische. Analysieren Sie, wie sie ihre visuelle Ästhetik gestalten und was Sie davon lernen können. Lassen Sie sich inspirieren, aber kopieren Sie nicht. Finden Sie Ihren eigenen Stil und bleiben Sie einzigartig. Wenn Sie einen Städte-Account aufsetzen wollen, suchen Sie alle Accounts, die zu der Stadt regelmäßig etwas posten und schauen Sie, was bei denen besonders gut ankommt. Daran können Sie lernen. Aber nicht 1:1 nachmachen, sondern besser machen. Und öfter. Dann überholen Sie Ihre Konkurrenz.

Besser, öfter und persönlicher ist der Schlüssel zum Erfolg.

Fazit

Eine gut durchdachte Content-Strategie ist der Schlüssel zum Erfolg auf Instagram. Indem Sie Ihre Zielgruppe genau kennen, Ihre Inhalte sorgfältig planen und eine konsistente visuelle Ästhetik entwickeln, können Sie eine starke Präsenz aufbauen und Ihre Follower kontinuierlich begeistern. Denken Sie daran, Ihre Strategie regelmäßig zu überprüfen und anzupassen, um immer auf dem neuesten Stand zu bleiben und das Beste aus Ihrer Instagram-Präsenz herauszuholen.

Content-Erstellung und Bearbeitung

Wenn Sie klein anfangen, reicht es Content mit dem Smartphone zu erstellen, einzelne Bilder und Videos aneinanderzuhängen, Text und Musik zu ergänzen und fertig.

Wenn Sie erfolgreicher werden oder für ein größeres Unternehmen arbeiten, reicht das nicht, dann muss der Auftritt professionell sein.

Die Bedeutung guter Fotografie auf Instagram

Instagram ist eine visuelle Plattform, auf der hochwertige Bilder entscheidend für den Erfolg sind. Attraktive Fotos ziehen die Aufmerksamkeit auf sich und fördern die Interaktion mit Ihren Followern. Die Basis für erfolgreiche Posts ist daher eine solide Fotografie-Grundlage.

1.2 Die Grundlagen der Fotografie

- **Komposition:** Die Komposition eines Fotos ist entscheidend dafür, wie ansprechend es wirkt. Nutzen Sie die Drittelregel, um Ihre Motive interessant zu platzieren. Stellen Sie sich das Bild in neun gleich große Rechtecke unterteilt vor und positionieren Sie wichtige Elemente entlang dieser Linien oder anderen Schnittpunkten.

- **Licht:** <u>Natürliches Licht</u> ist Ihr bester Freund. Fotografieren Sie vorzugsweise in den frühen Morgenstunden oder am späten Nachmittag, wenn das Licht weicher und wärmer ist. Vermeiden Sie direktes Sonnenlicht zur Mittagszeit, da es harte Schatten und überbelichtete Bereiche erzeugen kann.

- **Perspektive:** Experimentieren Sie mit verschiedenen Perspektiven und Blickwinkeln. Fotografieren Sie Ihr Motiv aus der Vogelperspektive, der Froschperspektive oder auf Augenhöhe, um interessante und einzigartige Fotos zu erstellen. Das Geheimnis guter Fotografen ist auch das Herstellen zahlreicher Fotos. Eines davon wird dann mindestens gut.

- **Hintergrund:** Ein aufgeräumter und passender Hintergrund kann das Hauptmotiv hervorheben. Vermeiden Sie ablenkende Elemente und achten Sie auf Farbkontraste, die Ihr Motiv betonen.

1.3 Technische Aspekte der Fotografie

- **Kameraeinstellungen:** Nutzen Sie die manuellen Einstellungen Ihrer Kamera oder Ihres Smartphones, um die Belichtung, den ISO-Wert und die Verschlusszeit zu kontrollieren. Eine niedrige ISO-Zahl (100-200) sorgt für klare Bilder mit wenig Rauschen. Die Verschlusszeit sollte je nach Motiv angepasst werden: für bewegte Motive eine kürzere, für statische Motive eine längere.

- **Fokus und Schärfe:** Achten Sie darauf, dass Ihr Hauptmotiv scharf ist. Nutzen Sie den Autofokus oder stellen Sie manuell scharf, um präzise Ergebnisse zu erzielen.

- **Bildformat:** Instagram bevorzugt das quadratische Format (1:1) sowie das Hochformat (4:5). Nutzen Sie diese Formate, um den Bildschirm optimal auszunutzen und Ihre Bilder ansprechend darzustellen. Das Smartphone zum Fotografieren quer zu halten, empfiehlt sich bei Instagram eher weniger.

Was brauche ich als Erstausstattung für den Instagram-Account?

Als Influencer benötigst du eine Grundausstattung an Tools und Technik, um qualitativ hochwertige Inhalte zu erstellen und deine Reichweite zu maximieren. Hier sind einige wichtige Dinge, die du benötigen könntest:

1. **Kamera**: Eine gute Kamera ist entscheidend für hochwertige Fotos und Videos. Das kann eine DSLR, eine spiegellose Kamera oder sogar ein hochwertiges Smartphone sein, das gute Fotos macht. Am Anfang reicht i.d.R. immer das Smartphone.

2. **Mikrofon**: Für Videos mit eigenem Ton ist ein externes Mikrofon wichtig, um eine klare Audioqualität zu gewährleisten. Es gibt verschiedene Arten von Mikrofonen, je nachdem, ob du hauptsächlich drinnen oder draußen aufnimmst. Am Anfang reichen das Bluetooth-Mikros für maximal 30 Euro.

3. **Beleuchtung**: Gutes Licht ist entscheidend für hochwertige Bilder und Videos. Du könntest Studiolichter, Softboxen oder sogar Ringlichter verwenden, um deine Inhalte gut aussehen zu lassen.

4. **Video- und Bildbearbeitungssoftware**: Programme wie Adobe Photoshop und Lightroom für Fotos oder Adobe Premiere Pro und Final Cut Pro für Videos können helfen, deine Inhalte zu optimieren und zu bearbeiten.

5. **Computer oder Laptop**: Ein leistungsstarker Computer oder Laptop ist wichtig für die Bearbeitung und das Hochladen von Inhalten.

6. **Internetverbindung**: Eine zuverlässige und schnelle Internetverbindung ist entscheidend, besonders wenn du Videos hochlädst oder Livestreams durchführst.

7. **Stativ**: Ein Stativ ist hilfreich für stabilisierte Aufnahmen und kann besonders nützlich sein, wenn du dich selbst filmst. Ein *Gimbal* lässt Deine Aufnahmen nicht so verwackelt aussehen, wenn Du Dich bewegst, während Du etwas aufnimmst.

8. **Social Media Management Tools**: Tools wie Hootsuite, Buffer oder Sprout Social können dir helfen, deine Beiträge zu planen und zu analysieren, um deine Reichweite zu maximieren.

9. **Smartphone und Apps**: Ein gutes Smartphone mit den richtigen Apps für Social Media und Fotobearbeitung ist eine notwendige Ergänzung zu einer professionellen Kameraausrüstung.

10. **Sicherheits- und Backup-Lösungen**: Da deine Inhalte wertvoll sind, ist es wichtig, Sicherheitskopien zu erstellen und über geeignete Sicherheitsmaßnahmen nachzudenken, um deine Arbeit zu schützen. Vernachlässige das nicht. Dein Content ist Dein Kapital.

Diese Grundausstattung kann je nach Art des Influencer-Marketings und deinem spezifischen Fokus variieren. Es ist wichtig, die Ausrüstung zu wählen, die am besten zu deinem Stil und den Bedürfnissen deiner Zielgruppe passt.

Die Nachbearbeitung von Fotos ist entscheidend, um das Beste aus Ihren Aufnahmen herauszuholen. Mit der richtigen Bearbeitung können Sie Farben korrigieren, Helligkeit und Kontrast anpassen und kleine Makel entfernen. Dadurch wirken Ihre Bilder professioneller und ansprechender.

2.2 Tools zur Bildbearbeitung

- **Adobe Lightroom:** Ein leistungsstarkes Tool zur professionellen Bildbearbeitung. Es bietet umfangreiche Funktionen zur Farbkorrektur, Belichtungsanpassung und zur Anwendung von Filtern. Die mobile Version ist ideal für unterwegs.

- **Snapseed:** Eine kostenlose App von Google, die viele professionelle Bearbeitungswerkzeuge bietet. Von grundlegenden Anpassungen bis hin zu speziellen Filtern und Effekten.

- **VSCO:** Bekannt für seine hochwertigen Filter und Bearbeitungstools. Ideal, um einen einheitlichen Look für Ihren Instagram-Feed zu kreieren.

- **PicsArt:** Ein vielseitiges Tool, das neben den üblichen Bearbeitungsfunktionen auch kreative Elemente wie Sticker, Text und Collagen bietet.

2.3 Techniken der Bildbearbeitung

- **Belichtung und Kontrast:** Passen Sie die Helligkeit und den Kontrast an, um Ihr Bild lebendiger zu gestalten. Achten Sie darauf, dass keine Details in den Lichtern oder Schatten verloren gehen.

- **Farbanpassungen:** Nutzen Sie die Farbkorrektur, um die Farben Ihres Bildes zu intensivieren oder zu verändern. Mit der Sättigung können Sie Farben hervorheben, während die Farbtemperatur die Stimmung des Bildes beeinflusst.

- **Schärfen und Rauschreduzierung:** Stellen Sie sicher, dass Ihr Bild scharf und klar ist. Nutzen Sie die Schärfefunktion, um Details hervorzuheben, und die Rauschreduzierung, um störendes Bildrauschen zu minimieren.

- **Filter und Presets:** Filter können Ihrem Bild einen einheitlichen Look verleihen. Nutzen Sie vorgefertigte Presets oder erstellen Sie eigene, um Ihren Bildern einen individuellen Stil zu geben.

- **Retusche:** Entfernen Sie kleine Unvollkommenheiten und Ablenkungen im Bild. Nutzen Sie Werkzeuge wie den Heilpinsel oder den Klonstempel, um Makel zu beseitigen. Mit künstlicher Intelligenz (KI) können Sie z.B. selbst in Chat GPT schon fremde Menschen im Hintergrund auf Bildern automatisch entfernen lassen. („Entferne den Mann mit dem blauen Hemd im Bildhintergrund")

Erstellung von ansprechenden Videos und Reels

3.1 Die Bedeutung von Videos und Reels auf Instagram

Videos und Reels sind ein mächtiges Mittel, um Engagement zu fördern und Ihre Reichweite zu erhöhen. Sie bieten die Möglichkeit, Geschichten zu erzählen, Produkte zu präsentieren oder hinter die Kulissen zu blicken.

3.2 Grundlagen der Videoproduktion

- **Storytelling:** Ein gutes Video erzählt eine Geschichte. Planen Sie Ihr Video sorgfältig, erstellen Sie ein Storyboard und überlegen Sie, welche Botschaft Sie vermitteln möchten.

- **Bildqualität:** Achten Sie auf eine hohe Bildqualität. Nutzen Sie eine gute Kamera und achten Sie auf ausreichend Licht. Verwenden Sie Stative oder Gimbals, um verwackelte Aufnahmen zu vermeiden.

- **Ton:** Der Ton ist genauso wichtig wie das Bild. Nutzen Sie externe Mikrofone für eine bessere Tonqualität und achten Sie auf eine klare und verständliche Sprache.

3.3 Tools und Techniken für die Videobearbeitung

- **Adobe Premiere Rush:** Ein benutzerfreundliches Videobearbeitungstool, das sowohl für Anfänger als auch für Profis geeignet ist. Es bietet umfangreiche Bearbeitungsfunktionen und ist ideal für die Erstellung von Videos für soziale Medien.

- **InShot:** Eine mobile App, die eine einfache und schnelle Videobearbeitung ermöglicht. Ideal für das Schneiden, Hinzufügen von Musik und Effekten sowie das Anpassen des Videoformats.

- **iMovie:** Ein kostenloses Tool für Mac-User, das grundlegende Bearbeitungsfunktionen bietet und sich gut für den Einstieg eignet.

- **Power Director 365:** Um z.B. automatisiert Gesichter in Videos verpixeln zu lassen.

3.4 Erstellung von Reels

- **Kurz und bündig:** Reels sind kurze Videos, die schnell auf den Punkt kommen sollten. Halten Sie Ihre Videos unter 60 Sekunden und sorgen Sie dafür, dass die ersten Sekunden besonders fesselnd sind. Die meisten User schauen solche Videos ohnehin nur 10-15 Sekunden an.

- **Trends und Musik:** Nutzen Sie aktuelle Trends und beliebte Musik, um die Aufmerksamkeit zu steigern. Verwenden Sie die Musikauswahl und die Effekte von Instagram, um Ihre Reels noch ansprechender zu gestalten. Wählen Sie die Musik und Sounds von Instagram, haben Sie auch keine Probleme mit Musiklizenzen, weil Instagram dafür pauschal Gebühren zahlt.

- **Texteinblendungen und Untertitel:** Fügen Sie Texteinblendungen und Untertitel hinzu, um Ihre Botschaft zu verdeutlichen und auch ohne Ton verständlich zu machen.

- **Calls to Action:** Motivieren Sie Ihre Zuschauer zu interagieren, indem Sie am Ende des Videos einen Call to Action einfügen. Fordern Sie sie auf, zu liken, zu kommentieren oder Ihrem Account zu folgen.

3.5 Optimierung und Veröffentlichung

- **Thumbnail:** Wählen Sie ein ansprechendes Thumbnail, das neugierig macht und zum Anklicken verleitet. Achten Sie darauf, dass es auch in kleiner Ansicht gut erkennbar ist. Das Bild, welches in der Reel-Übersicht für das Video erscheint, ist beim Hochladen des Videos frei wählbar. Es muss nicht unbedingt das Startbild der ersten Videosequenz sein.

- **Hashtags und Beschreibung:** Nutzen Sie relevante Hashtags und eine aussagekräftige Beschreibung, um Ihre Reichweite zu erhöhen. Verlinken Sie andere Accounts oder Orte, wenn es thematisch passt.

- **Analyse und Anpassung:** Überwachen Sie die Performance Ihrer Videos und Reels mit den Instagram-Insights. Analysieren Sie, welche Storys, Reels und Beiträge gut ankommen und passen Sie Ihre Planung entsprechend an.

Instagram ist nicht nur eine Plattform zum Teilen von Fotos und Videos, sondern auch ein leistungsstarkes Werkzeug zur Schaffung von Beziehungen und Gemeinschaften. In diesem Kapitel werden wir uns darauf konzentrieren, wie man das Engagement auf Instagram steigert und eine aktive Community aufbaut. Dazu unterteilen wir das Kapitel in drei Hauptbereiche: Strategien zur Steigerung des Engagements, effektive Nutzung von Hashtags und Aufbau und Pflege einer aktiven Community.

Strategien zur Steigerung des Engagements

1.1 Relevanter und Hochwertiger Content

Inhalte sind der Schlüssel zu jedem erfolgreichen Instagram-Account. Um das Engagement zu steigern, ist es entscheidend, relevanten und hochwertigen Content zu erstellen. Dies bedeutet, dass Ihre Beiträge nicht nur ästhetisch ansprechend sein sollten, sondern auch einen **Mehrwert für Ihre Follower** bieten müssen.

- **Authentizität**: Seien Sie echt und transparent. Menschen möchten sich mit echten Personen und echten Geschichten verbinden.

- **Qualität über Quantität**: Es ist besser, weniger häufig, aber qualitativ hochwertige Inhalte zu posten, als ständig minderwertige Beiträge zu veröffentlichen. Das soll aber nicht als Ausrede dienen, warum man eine Woche lang nichts gepostet hat. Das regelmäßige Posten muss gewährleistet sein.

- **Visuelle Anziehungskraft**: Investieren Sie in gute Fotografie und Design. Nutzen Sie Filter und Bearbeitungswerkzeuge, um Ihre Bilder hervorzuheben.

1.2 Interaktive Inhalte

Interaktive Inhalte fördern die Teilnahme und das Engagement Ihrer Follower. Wenn Instagram als Plattform merkt, dass die User mit Ihren Inhalten interagieren, wird Ihr Beitrag oder Ihr Reel auch öfters eingeblendet.

- **Umfragen und Fragen**: Verwenden Sie Instagram-Stories, um Umfragen zu erstellen oder Fragen zu stellen. Dies motiviert Ihre Follower, sich zu beteiligen.

- **Live-Videos**: Nutzen Sie Live-Videos, um in Echtzeit mit Ihren Followern zu interagieren. Dies kann Q&A-Sessions, Tutorials oder einfache Chats umfassen.

- **Wettbewerbe und Gewinnspiele**: Machen Sie Wettbewerbe oder veranstalten Gewinnspiele, bei denen Ihre Follower etwas gewinnen können. Dies fördert nicht nur das Engagement, sondern auch das Wachstum Ihrer Community.

1.3 Regelmäßige und Konsistente Postings

Konsistenz ist entscheidend für den Aufbau eines engagierten Publikums. Ein regelmäßiger Posting-Zeitplan hilft, Ihre Follower zu binden und zu informieren.

- **Planung**: Verwenden Sie Tools wie Later oder Hootsuite, um Ihre Beiträge im Voraus zu planen.

- **Posting-Zeiten**: Analysieren Sie Ihre Insights, um die besten Zeiten für Ihre Postings zu ermitteln.

- **Wiederkehrende Themen**: Etablieren Sie wiederkehrende Themen oder Serien, die Ihre Follower erwarten und auf die sie sich freuen können.

1.4 Engagement mit den Followern

Ihre Follower wollen gehört und wertgeschätzt werden.

- **Antworten auf Kommentare**: Nehmen Sie sich die Zeit, auf Kommentare zu antworten. Dies zeigt, dass Sie ihre Meinung schätzen. Sie müssen nicht auf jeden Kommentar antworten. Aber immer wieder.

- **Direktnachrichten**: Seien Sie offen für Nachrichten und reagieren Sie darauf. Dies schafft eine persönliche Verbindung. Auch, wenn es nur ein Smiley oder ein Daumen-Hoch-Gif ist: Antworten Sie auf Direktnachrichten. User fühlen sich dann wertgeschätzt und werden Ihren Account öfter aufsuchen. Und bekommen ihn auch öfter eingeblendet.

- **Erwähnungen und Tags**: Achten Sie auf Erwähnungen und Tags von anderen und interagieren Sie mit diesen Beiträgen.

Hashtags sind eines der mächtigsten Werkzeuge auf Instagram, um die Reichweite Ihrer Beiträge zu erhöhen und neue Follower zu gewinnen. Ob Hashtags sinnvoll sind oder nicht, darüber streiten sich die Gelehrten. Wir haben die Erfahrung gemacht, dass sie sinnvoll und zielführend sind.

- **Erhöhte Sichtbarkeit**: Hashtags machen Ihre Beiträge für ein breiteres Publikum sichtbar.

- **Themen und Trends**: Mit Hashtags können Sie sich an aktuellen Diskussionen und Trends beteiligen.

2.2 Auswahl der richtigen Hashtags

Nicht alle Hashtags sind gleich. Die Auswahl der richtigen Hashtags erfordert Strategie und Forschung.

- **Relevanz**: Wählen Sie Hashtags, die relevant zu Ihrem Inhalt und Ihrer Zielgruppe sind. Betreiben Sie kein Hashtag-Spamming. Für Ihr Katzen-Video nutzt ein Hashtag #FussballEM nichts, nur weil gerade Fußball EM.

- **Mischung aus beliebten und spezifischen Hashtags**: Verwenden Sie eine Mischung aus weit verbreiteten und spezifischen Hashtags, um sowohl breite als auch gezielte Reichweite zu erzielen.

- **Branded Hashtags**: Erstellen Sie einen einzigartigen Hashtag für Ihre Marke, der Ihre Community repräsentiert und zur Markenerkennung beiträgt. Diesen Hashtag sollten Sie dann fortan bei all Ihren Postings benutzen.

2.3 Recherche und Analyse

Die ständige Analyse und Anpassung Ihrer Hashtag-Strategie ist entscheidend.

- **Tools**: Nutzen Sie Tools wie Hashtagify oder Ritetag, um die Leistung Ihrer Hashtags zu analysieren.

- **Wettbewerbsanalyse**: Beobachten Sie, welche Hashtags Ihre Mitbewerber verwenden und welche erfolgreich sind. Oft finden Sie dort etwas, was logisch und zielführend ist, auf das Sie aber noch nicht gekommen sind.

- **Trend-Hashtags**: Bleiben Sie auf dem Laufenden über aktuelle Trends und passen Sie Ihre Hashtags entsprechend an.

2.4 Optimierung Ihrer Hashtag-Strategie

Eine gut durchdachte Hashtag-Strategie kann den Unterschied machen.

- **Limit beachten**: Instagram erlaubt maximal 30 Hashtags pro Beitrag. Nutzen Sie diese Anzahl klug. Sie müssen die 30 nicht voll ausnutzen, wenn es nicht sinnvoll ist. Wir haben gute Erfahrungen mit 10-15 Hashtags gemacht.

- **Variation**: Verwenden Sie nicht immer die gleichen Hashtags. Variieren Sie sie je nach Inhalt und Zielgruppe.

- **Vermeidung von Bann-Hashtags**: Vermeiden Sie Hashtags, die von Instagram gebannt oder als Spam markiert wurden.

3.1 Verstehen Sie Ihre Zielgruppe

Der erste Schritt zum Aufbau einer aktiven Community ist das Verständnis Ihrer Zielgruppe.

- **Demografische Daten**: Analysieren Sie die demografischen Daten Ihrer Follower.

- **Interessen und Bedürfnisse**: Erfahren Sie, was Ihre Follower interessiert und was sie von Ihnen erwarten.

- **Feedback einholen**: Bitten Sie um Feedback und Meinungen, um Ihre Inhalte und Strategie kontinuierlich zu verbessern.

3.2 Authentische Interaktionen

Echte Beziehungen erfordern authentische Interaktionen.

- **Ehrlichkeit und Transparenz**: Seien Sie ehrlich und transparent in Ihren Interaktionen.

- **Persönlicher Austausch**: Teilen Sie persönliche Geschichten und Erlebnisse, um eine tiefere Verbindung zu schaffen. Sie dürfen auch Schwachstellen zeigen. Wenn Ihnen ein Kuchenrezept misslungen ist oder ihr Auto liegengeblieben ist.

- **Engagement fördern**: Stellen Sie Fragen und ermutigen Sie Ihre Follower zur Teilnahme an Diskussionen.

3.3 Gemeinschaftsprojekte und Kooperationen

Kooperationen und Gemeinschaftsprojekte können das Wachstum und die Bindung Ihrer Community fördern.

- **Zusammenarbeit mit anderen Influencern**: Kooperieren Sie mit anderen Influencern oder auch Marken zusammen, um so Ihre eigene Reichweite zu erhöhen.

- **Community-Events**: Organisieren Sie Events, sowohl online als auch offline, um Ihre Community zu stärken.

- **Gastbeiträge**: Laden Sie Ihre Follower ein, Gastbeiträge oder Stories zu teilen, um ihre Stimme zu verstärken und Ihre Community zu integrieren.

3.4 Kontinuierliche Pflege und Engagement

Eine aktive Community erfordert ständige Pflege und Engagement.

- **Regelmäßige Kommunikation**: Halten Sie Ihre Follower regelmäßig auf dem Laufenden über Neuigkeiten und Updates.

- **Wertschätzung zeigen**: Zeigen Sie Ihren Followern, dass Sie ihre Unterstützung schätzen. Bedanken Sie sich für Hinweise und Direktnachrichten. Auch, wenn Sie den Schreiber für einen Idioten halten.

- **Probleme ansprechen**: Gehen Sie auf Probleme und Bedenken Ihrer Community ein und zeigen Sie, dass Sie sich kümmern.

3.5 Langfristige Beziehungen aufbauen

Der Aufbau einer aktiven Community ist ein langfristiger Prozess.

- **Geduld und Beständigkeit**: Seien Sie geduldig und beständig in Ihren Bemühungen.

- **Vertrauen aufbauen**: Arbeiten Sie kontinuierlich daran, das Vertrauen Ihrer Follower zu gewinnen und zu erhalten.

- **Wachstum fördern**: Fördern Sie das organische Wachstum Ihrer Community durch authentische und wertvolle Interaktionen.

Fazit

Der Aufbau einer aktiven und engagierten Community auf Instagram erfordert Zeit, Strategie und vor allem Authentizität. Indem Sie relevanten und hochwertigen Content erstellen, Hashtags effektiv nutzen und echte Beziehungen zu Ihren Followern aufbauen, können Sie eine starke und loyale Community entwickeln. Denken Sie daran, dass jede Interaktion zählt und dass Ihre Bemühungen langfristig zu bedeutenden Ergebnissen führen werden.

Organisches Wachstum: Strategien und Best Practices

Organisches Wachstum auf Instagram ist ein langfristiger und authentischer Ansatz, um eine engagierte Community aufzubauen. Hier sind einige bewährte Strategien und Praktiken, die Ihnen helfen können, Ihre Reichweite auf natürliche Weise zu erhöhen:

1.1. Hochwertiger Content Der Schlüssel zu einem erfolgreichen Instagram-Account liegt in der Qualität des Contents. Ihre Beiträge sollten visuell ansprechend, gut durchdacht und relevant für Ihre Zielgruppe sein. Achten Sie darauf, eine konsistente Ästhetik zu entwickeln, die Ihre Marke widerspiegelt. Nutzen Sie hochwertige Bilder, Videos und Grafiken, um die Aufmerksamkeit Ihrer Follower zu gewinnen und zu halten.

1.2. Regelmäßige Postings Ein regelmäßiger Posting-Zeitplan ist entscheidend, um Ihre Follower zu binden und neue zu gewinnen. Finden Sie heraus, wann Ihre Zielgruppe am aktivsten ist, und planen Sie Ihre Beiträge entsprechend. Tools wie Later oder Hootsuite können Ihnen dabei helfen, Ihre Inhalte im Voraus zu planen und zu automatisieren.

1.3. Hashtags effektiv nutzen Hashtags sind ein mächtiges Werkzeug, um Ihre Sichtbarkeit auf Instagram zu erhöhen. Recherchieren Sie relevante Hashtags in Ihrem Bereich/Ihrer Nische und verwenden Sie eine Mischung aus häufig verwendeten und weniger bekannten Hashtags. Nutzen Sie bis zu 30 Hashtags pro Beitrag, um Ihre Reichweite zu maximieren. Treiben Sie es aber nicht auf die Spitze. Wir haben mit 10-15 Hashtags gute Erfahrungen gemacht. Die Hashtags müssen themenrelevant sein.

1.4. Engagement fördern Engagement ist das Herzstück des organischen Wachstums. Reagieren Sie auf Kommentare, stellen Sie Fragen und ermutigen Sie Ihre Follower, mit Ihren Beiträgen zu interagieren. Live-Videos und Instagram Stories sind ebenfalls großartige Möglichkeiten, um in Echtzeit mit Ihrer Community zu kommunizieren.

1.5. Storytelling Menschen lieben Geschichten. Nutzen Sie Instagram, um die Geschichte Ihrer Marke zu erzählen. Authentische und persönliche Inhalte können eine tiefere Verbindung zu Ihrer Zielgruppe herstellen. Erzählen Sie Geschichten hinter den Kulissen, teilen Sie Kundenerfahrungen und zeigen Sie die Menschen hinter der Marke.

1.6. Analyse und Anpassung Nutzen Sie die Analyse-Tools von Instagram, um zu verstehen, welche Inhalte bei Ihrer Zielgruppe am besten ankommen. Passen Sie Ihre Strategie entsprechend an und experimentieren Sie mit verschiedenen Arten von Inhalten, um herauszufinden, was am besten funktioniert.

1.7. Reagieren auf andere Suchen Sie nach Accounts aus Ihrer Nische und kommentieren Sie deren Beiträge. Aber nicht nur mit „toll", sondern mit (z.B. „Das sieht sehr lecker aus", „Ich hätte es nicht besser sagen können", „Interessant, da müssen wir auch mal hin" oder ähnlich oder sogar noch deutlich länger. Diese Interaktion wird dazu führen, dass andere Kommentierer auf Ihren Account aufmerksam werden und ggf. auf das Profil gehen. Einige werden Ihnen dann auch folgen.

Die Zusammenarbeit mit Influencern und anderen Marken kann Ihre Reichweite erheblich erhöhen und Ihre Glaubwürdigkeit stärken. Hier sind einige Tipps, wie Sie diese Kooperationen erfolgreich gestalten können:

2.1. Die richtigen Influencer finden: Nicht jeder Influencer passt zu Ihrer Marke. Es ist wichtig, Influencer zu finden, die Ihre Werte teilen und eine ähnliche Zielgruppe haben. Nutzen Sie Tools wie BuzzSumo oder Traackr, um potenzielle Influencer zu identifizieren, und analysieren Sie deren Engagement-Rate und Follower-Demografie.

Insgesamt gibt es folgende Plattformen, die Sie zur Influencer-Suche anschauen sollten:

a) InfluencerDB

InfluencerDB ist ein mächtiges Tool zur Suche und Analyse von Influencern. Es bietet detaillierte Informationen über Influencer, darunter Follower-Demografien, Engagement-Raten und Wachstumstrends. Sie können gezielt nach deutschen Influencern suchen und sich deren Profile und Performance-Daten anzeigen lassen.

b) Brandwatch (vormals Falcon.io)

Brandwatch bietet eine umfassende Suite von Tools für Social Media Management, einschließlich einer Influencer-Datenbank. Mit Brandwatch können Sie Influencer nach Region, Themenbereich und anderen Kriterien filtern und detaillierte Einblicke in deren Performance und Zielgruppe erhalten.

c) BuzzSumo

BuzzSumo ist ein bekanntes Tool für Content-Analyse und Influencer-Suche. Sie können nach Themen oder Keywords suchen
und erhalten eine Liste von Influencern, die in diesen Bereichen
aktiv sind. Die Filtermöglichkeiten helfen Ihnen, deutsche Influencer zu finden.

d) Traackr

Traackr ist eine Influencer-Marketing-Plattform, die eine umfangreiche Datenbank von Influencern weltweit bietet. Sie können gezielt nach deutschen Influencern suchen und deren Profile und Engagement-Daten analysieren.

e) Hypetrace

Hypetrace ist speziell auf den deutschsprachigen Markt ausge-
richtet und hilft Ihnen, Influencer in Deutschland, Österreich
und der Schweiz zu finden. Das Tool bietet detaillierte Analysen
und hilft Ihnen, die passenden Influencer für Ihre Kampagnen zu
identifizieren.

f) Reachbird

Reachbird ist eine deutsche Influencer-Marketing-Plattform, die
Marken dabei unterstützt, Influencer-Kampagnen zu planen und
durchzuführen. Sie bietet eine umfangreiche Datenbank von Influencern sowie Tools zur Performance-Analyse und Kampag-
nenmanagement.

g) Influence4You

Influence4You bietet eine große Datenbank von Influencern und
ermöglicht es Ihnen, gezielt nach deutschen Influencern zu suchen. Die Plattform bietet umfassende Analysen und Reporting-
Tools, um den Erfolg Ihrer Influencer-Kampagnen zu messen.

h) Upfluence

Upfluence ist ein umfassendes Tool für Influencer-Marketing, das eine große Datenbank von Influencern weltweit, einschließlich Deutschland, bietet. Sie können nach verschiedenen Kriterien filtern und detaillierte Einblicke in die Performance der Influencer erhalten.

I) Klear

Klear ist ein Influencer-Marketing-Tool, das eine detaillierte Suche nach Influencern ermöglicht. Sie können gezielt nach deutschen Influencern suchen und erhalten umfassende Profile, die Informationen über Follower-Demografien, Engagement-Raten und thematische Schwerpunkte enthalten.

2.2. Authentische Kooperationen Die Authentizität der Zusammenarbeit ist entscheidend. Die Follower von Influencern erkennen schnell, wenn eine Kooperation nur des Geldes wegen eingegangen wurde. Lassen Sie den Influencer Ihre Produkte oder Dienstleistungen auf authentische Weise vorstellen und geben Sie ihnen die kreative Freiheit, die sie benötigen. Sonst wirkt es steif, künstlich und unglaubwürdig. Promoten Sie nicht heute eine Zahnpasta und morgen einen Drehmomentschlüssel, - das macht sie unglaubwürdig.

2.3. Klare Ziele und Erwartungen Definieren Sie klare Ziele und Erwartungen für die Zusammenarbeit. Ob es darum geht, Markenbewusstsein zu schaffen, den Umsatz zu steigern oder Follower zu gewinnen – stellen Sie sicher, dass beide Parteien sich über die Ziele im Klaren sind und diese messbar sind.

2.4. Langfristige Partnerschaften Langfristige Partnerschaften können wertvoller sein als einmalige Kooperationen. Wenn ein Influencer Ihre Marke kontinuierlich unterstützt, wirkt dies glaubwürdiger und nachhaltiger. Besser Sie arbeiten langfristig mit einem oder wenigen zusammen als ständig mit wechselnden Partnern. Das wirkt unglaubwürdig. Bauen Sie Beziehungen zu Influencern auf, die bereit sind, langfristig mit Ihnen zusammenzuarbeiten.

2.5. Gemeinsame Kampagnen Planen Sie gemeinsame Kampagnen, die sowohl Ihre Marke als auch den Influencer einbeziehen. Dies könnte in Form von Instagram Takeovers, gemeinsamen Gewinnspielen oder Co-Branding-Produkten geschehen. Solche Kampagnen können die Reichweite beider Parteien erhöhen und für mehr Engagement sorgen.

2.6. Kooperationen mit anderen Marken: Neben Influencern können auch Kooperationen mit anderen Marken sinnvoll sein. Finden Sie Marken, die nicht in direkter Konkurrenz zu Ihnen stehen, aber eine ähnliche Zielgruppe ansprechen. Gemeinsame Aktionen, wie Cross-Promotion oder gemeinsame Events, können neue Follower anziehen und die Reichweite erhöhen.

Gewinnspiele und Challenges sind effektive Methoden, um schnell neue Follower zu gewinnen und Ihre Community zu aktivieren. Hier sind einige bewährte Ansätze, um diese Strategien erfolgreich umzusetzen:

3.1. Attraktive Preise Ein Gewinnspiel steht und fällt mit dem Preis. Der Preis sollte für Ihre Zielgruppe attraktiv und relevant sein. Es muss nicht immer etwas Teures sein – auch exklusive Erlebnisse oder Produkte können einen hohen Anreiz bieten. Stellen Sie sicher, dass der Preis Ihre Marke widerspiegelt und potenzielle neue Follower anspricht.

3.2. Einfache Teilnahmebedingungen Halten Sie die Teilnahmebedingungen einfach und klar. Zu komplizierte Bedingungen können potenzielle Teilnehmer abschrecken. Eine typische Bedingung ist, dass die Teilnehmer Ihrem Account folgen, den Beitrag liken und kommentieren oder Freunde markieren.

3.3. Cross-Promotion Nutzen Sie die Kraft der Cross-Promotion, um die Reichweite Ihres Gewinnspiels zu erhöhen. Arbeiten Sie mit Influencern oder anderen Marken zusammen, die Ihr Gewinnspiel auf ihren Kanälen teilen. Dadurch erreichen Sie eine breitere Zielgruppe und erhöhen die Teilnehmerzahl.

3.4. User-Generated Content Fordern Sie Ihre Follower auf, Inhalte zu erstellen und mit einem speziellen Hashtag zu teilen. Dies kann in Form von Fotos, Videos oder Stories geschehen. User-Generated Content (UGC) erhöht nicht nur das Engagement, sondern liefert Ihnen auch wertvolle Inhalte, die Sie später verwenden können.

3.5. Transparenz und Fairness Stellen Sie sicher, dass Ihr Gewinnspiel transparent und fair abläuft. Kommunizieren Sie klar die Teilnahmebedingungen, den Zeitrahmen und wie der Gewinner ausgewählt wird. Vermeiden Sie jegliche Unklarheiten, um das Vertrauen Ihrer Community zu wahren.

3.6. Challenges Challenges sind eine großartige Möglichkeit, Ihre Community zu aktivieren und zu motivieren. Kreieren Sie eine Challenge, die zu Ihrer Marke passt und Ihre Follower herausfordert. Dies kann eine Fitness-Challenge, eine Foto-Challenge oder eine kreative Aufgabe sein. Verwenden Sie einen speziellen Hashtag, damit Sie die Beiträge leicht finden und teilen können.

3.7. Regelmäßigkeit Planen Sie Gewinnspiele und Challenges regelmäßig ein, um kontinuierlich neue Follower zu gewinnen und das Engagement hochzuhalten. Ein gut geplanter Kalender mit verschiedenen Aktionen kann helfen, Ihre Community langfristig zu binden und immer wieder neue Interessenten anzuziehen.

Insgesamt ist der Aufbau einer großen und engagierten Follower-Basis auf Instagram eine Kombination aus hochwertigen Inhalten, strategischen Kooperationen und kreativen Marketingaktionen. Durch die Anwendung der oben genannten Strategien und Best Practices können Sie Ihre Präsenz auf der Plattform nachhaltig ausbauen und eine loyale Community aufbauen.

Kaufen Sie niemals Follower!

Wer mit Instagram arbeitet und darum bemüht ist, wird irgendwann auf die Idee kommen, Follower auch zu kaufen. Die Welt ist voller Anbieter, die eine große Anzahl Follower für viel Geld versprechen. Tatsächlich kann man über Nacht Tausende Follower kaufen, die man auch langsam in das Konto einfließen lassen kann. Damit es (angeblich) nicht so auffällt. Es fällt aber trotzdem auf. Mittlerweile kann man sogar Follower nach Ländern kaufen.

Diese gekauften Follower sind aber:

1. **Absolut wertlos**
2. Für jeden Kooperationspartner leicht zu erkennen
3. Für Sie mit keinerlei Nutzen verbunden

Der Haken an gekauften Followern ist:

Diese kaufen nichts und interagieren nicht.

Gekaufte Follower stammen meisten aus zwei Quellen:

a) Asiatische BOT-Fabriken, wo künstliche Followerprofile angelegt werden
b) Klick-Aktionen, wo irgendwelche verarmten Kiddies für das Klicken auf Profile oder Buttons einen Cent bekommen

Mit beiden Gruppen werden sie nichts anfangen können. Gekaufte Follower kaufen Ihnen kein Produkt ab, empfehlen Sie nicht weiter an andere echte Interessenten und interagieren auch nicht. Sie schreiben auch keine Kommentare.

Meistens erkennt man sie auch: Sie heißen dann Jim-Bob aus Nigeria oder Kuao-Lee aus Vietnam und haben Profilbilder, die sofort Fragezeichen bei Kooperationspartnern im Gesicht erscheinen lassen.

Auch bei deutschen Fake-Follower-Accounts ist ihnen nicht geholfen: Diese sind entweder künstlich oder nichts wert oder beides. Sparen Sie sich die 10 Euro. Künstliche Follower sind noch nicht mal einen Euro wert.

Investieren Sie Ihr Geld lieber in den Aufbau echter Follower, denn aus diesen können Kunden und Weiterempfehler werden, aus den Fake-Followern nicht.

Woran erkennt man Fake-Follower?
Die meisten Fake-Follower haben Bilder, die fragwürdig oder sehr allgemein sind und eine sehr allgemeine Bio. Es finden sich manchmal 10 Bilder in den Beiträgen, die einen Baum, einen Stein, einen Wald und eine Blume zeigen, aber nicht eine Person in zehn verschiedenen Ansichten. Und wenn Personen angezeigt werden, kann man davon ausgehen, dass sie aus irgendwelchen Foto-Datenbanken gestohlen oder per künstlicher Intelligenz erstellt worden sind.

Mit diesen Tools kann man z.B. künstliche Follower identifizieren:

- HypeAuditor
- DataJam
- FakeCheck
- IconoSquare (Audit-Tool)
- Influencer Marketing Hub – Fake Follower Checker

Partner, die mit Ihnen zusammenarbeiten wollen, kennen solche Tools auch und werden so auch IHR Profil prüfen. Dann ist es suboptimal, wenn man unter den Followern eine große Zahl gekaufter Fake-Follower hat.

Messbar ist das über die Interaktionsrate, da Fake-Follower deutlich weniger bis (in der Regel) gar nicht interagieren: keine Kommentare, keine Likes, keine Käufe.

Follower in Instagram aufzubauen ist das eine, - Geld mit diesen Followern zu verdienen, ist der zweite, aber deutlich leichtere Part.

Sie sollten erst versuchen, mit Ihrem Account eine vernünftige Anzahl an Followern aufzubauen, z.B. durch regelmäßiges, konsistentes Posten von Beiträgen und Stories. Wenn Sie dann einmal 10.000, 20.000 oder mehr Follower auf Ihrem Account haben, geht es daran, diesen auch zu „monetarisieren", d.h. Geld mit dem Account, also den Followern zu verdienen.

Instagram hat sich zu einer der führenden Plattformen für Influencer und Marken entwickelt, um miteinander zu interagieren und Geschäfte zu machen. Die Monetarisierung Ihres Instagram-Accounts kann Ihnen ermöglichen, aus Ihrer Leidenschaft eine lukrative Einnahmequelle zu machen. In diesem Kapitel werden wir die verschiedenen Aspekte der Monetarisierung detailliert untersuchen und Ihnen zeigen, wie Sie Ihre Instagram-Präsenz in eine Einkommensquelle verwandeln können.

Es wird Ihnen Spaß machen, zukünftig sich nicht nur darüber zu freuen, wenn die Follower-Anzahl zunimmt (dafür können Sie sich noch nichts kaufen), sondern auch auf dem Konto zu sehen, dass sich diese Aktivitäten auszahlen.

Verschiedene Monetarisierungsmodelle: Werbung, Affiliate-Marketing, Verkauf eigener Produkte

Werbung

Direkte Werbung ist eine der gängigsten Methoden, um Geld mit Ihrem Instagram-Account zu verdienen. Hierbei schließen Sie Partnerschaften mit Marken ab, um deren Produkte oder Dienstleistungen in Ihren Posts oder Stories zu bewerben. Diese Art der Werbung kann auf verschiedene Weise erfolgen:

- **Sponsoring von Posts und Stories:** Marken bezahlen Sie dafür, dass Sie ihre Produkte in Ihren Beiträgen oder Stories präsentieren. Dies kann in Form eines einfachen Bildes, eines Karussells oder eines Videos geschehen.

- **Produktplatzierungen:** Hierbei integrieren Sie das Produkt subtil in Ihre Inhalte, ohne dass es wie eine offensichtliche Werbung wirkt. Dies kann in einem täglichen Post, einem Tutorial oder einer Produktbewertung geschehen. In Deutschland muss man jegliche Werbung auch als Werbung kennzeichnen, sonst macht man sich abmahnbar.

Affiliate-Marketing

Affiliate-Marketing ist eine weitere effektive Methode zur Monetarisierung Ihres Instagram-Accounts. Dabei bewerben Sie Produkte oder Dienstleistungen und erhalten eine Provision für jeden Verkauf, der über Ihren einzigartigen Affiliate-Link generiert wird. Wer mit Affiliate-Werbung anfangen will, kann z.B. Links zu Ebay- oder Amazon-Produkten in die Stories integrieren, dazu meldet man sich dort an über:

- ➢ Partner.ebay.com
- ➢ Partnernet.amazon.de

Große Affiliate-Netzwerke, bei denen man zahlreiche Partner finden kann, die einem Affiliate-Provisionen zahlen, sind z.B.:

- ➢ Awin
- ➢ Adcell
- ➢ CJ Affiliate
- ➢ Belboon
- ➢ Daisycon
- ➢ Digistore24
- ➢ Financeads
- ➢ SuperClix
- ➢ TradeDoubler
- ➢ Webgains

So gibt es z.B. Affiliate-Partnerschaften, die Ihnen 40 Euro dafür zahlen, wenn jemand auf den Link in der Story klickt und in der Folge auf der beworbenen Seite eine kostenlose Kreditkarte ordert. Wer entsprechend viele echte Follower hat, kann sich hier pro Aktion schon drei- bis vierstellige Einnahmen sichern. Nur durch eine Story am Tag. Und der Monat hat 30 Tage. Die Kunst liegt in dem Herausfinden und Promoten der richtigen Affiliate-Produkte, für die die eigene Followerschaft vermutlich empfänglich ist.

- • **Erstellung von Inhalten:** Um erfolgreiches Affiliate-Marketing zu betreiben, müssen Sie überzeugende und authentische Inhalte erstellen, die Ihre Follower dazu anregen, die beworbenen Produkte zu kaufen.

- **Verwendung von Trackable Links:** Nutzen Sie spezielle Links oder Rabattcodes, die es Ihnen ermöglichen, Verkäufe nachzuverfolgen und Ihre Provisionen zu sichern.

Verkauf eigener Produkte

Der Verkauf eigener Produkte ist eine weitere lukrative Möglichkeit, Ihren Instagram-Account zu monetarisieren. Dies kann physische Produkte wie Kleidung, Accessoires oder Kosmetika umfassen, aber auch digitale Produkte wie E-Books oder Online-Kurse.

- **E-Commerce-Integration:** Nutzen Sie Plattformen wie Shopify oder WooCommerce, um einen Online-Shop zu erstellen und Ihre Produkte direkt über Instagram zu verkaufen.

- **Promotion und Branding:** Erstellen Sie ansprechende Inhalte, um Ihre Produkte zu bewerben und bauen Sie eine starke Markenidentität auf.

Sie können z.B. auf Alibaba.com Unterhosen im asiatischen Großhandel einkaufen, bei denen auf dem Gummibund der Namen Ihrer Stadt aufgedruckt ist. Diese bieten Sie dann Ihren Followern eines Instagram-Städte-Accounts in einer Story an. Bedenken Sie aber, dass Kunden in Deutschland fast immer auch ein Rückgaberecht haben. Sie müssen eine gewisse Retourenquote einkalkulieren. Das ist aber in der Regel leicht möglich, da die Einkaufspreise sehr niedrig und mögliche Verkaufspreise eher hoch sind. Sie können Produkte auch per Whitelabel-Versand direkt von einem Vorlieferanten an Ihren Kunden senden lassen, hier muss man die Lieferzeiten im Blick haben.

Ein Beispiel für die gelungene Kombination von Instagram/Facebook-Accounts und einem Onlineshop zeigt die Freiburger Visual Statemens Gruppe. Anfänglich mit Seiten wie „Du weißt, Du bist Freiburger, wenn…" groß geworden, betreibt man mittlerweile zahlreiche Social Media Accounts und promotet darüber von der Leinentasche bis zum Kaffeebecher zahlreiche Produkte, die sich zum Geldverdienen eignen. Siehe:

> ➤ Shop.visualstatements.net
> ➤ Instagram-Account u.a.: stadtbesten_freiburg

Verhandlungen und Verträge mit Marken und Sponsoren

Vorbereitung auf Verhandlungen

Bevor Sie mit Marken oder Sponsoren verhandeln, sollten Sie gut vorbereitet sein. Eine sorgfältige Vorbereitung hilft Ihnen, überzeugende Argumente zu entwickeln und Ihre Verhandlungsposition zu stärken.

- **Analyse Ihrer Reichweite und Engagements:** Sammeln Sie Daten über Ihre Follower-Zahlen, Engagement-Raten und Zielgruppen-Demografie. Diese Informationen sind entscheidend, um den Wert Ihrer Zusammenarbeit zu bestimmen. Wenn Partner bei Ihnen Werbung schalten oder Geld ausgeben, wollen Sie vorher nicht wissen, wieviel Follower Sie haben, sondern auch, wo diese wohnen und wie diese interagieren. Typische Fragen sind:

- ➢ Wieviel Prozent Ihrer Follower schauen sich eine Story an?
- ➢ Wieviel Prozent der Story-Betrachter klicken Links an?
- ➢ Wie hoch ist die Interaktionsrate Ihrer Follower?
- ➢ Sind Ihre Follower überwiegend männlich oder weiblich?
- ➢ Wo sind die Follower beheimatet? Regional? Deutschlandweit?

- **Definieren Sie Ihre Werte und Ziele:** Klären Sie im Vorfeld, welche Art von Partnerschaften zu Ihrer Marke passen und welche Ziele Sie durch die Zusammenarbeit erreichen möchten.

Durchführung von Verhandlungen

Erfolgreiche Verhandlungen erfordern Geschick und Erfahrung. Hier sind einige wichtige Tipps:

- **Kennen Sie Ihren Wert:** Seien Sie sich über den Wert bewusst, den Sie der Marke bieten, und lassen Sie sich nicht unter Wert verkaufen. Wenn jemand etwas zu billig oder geschenkt haben, lassen sie ihn ziehen. Es kommen auch andere Interessenten.

- **Seien Sie flexibel:** Zeigen Sie Bereitschaft, verschiedene Optionen zu prüfen und Kompromisse einzugehen, die beiden Seiten zugutekommen.

- **Kommunikation:** Achten Sie auf klare und transparente Kommunikation. Stellen Sie sicher, dass beide Parteien die Bedingungen der Zusammenarbeit verstehen und akzeptieren. Besprechen Sie die Rahmenbedingen. Wichtig z.B.: Erwartet der Partner eine Story oder mehrere Story-Veröffentlichungen und wenn ja, in welcher Frequenz? Wann ist die Bezahlung? Welche Pflichten hat jeder der Vertragspartner?

Vertragsgestaltung

Ein gut ausgearbeiteter Vertrag ist essenziell, um die Rechte und Pflichten beider Parteien zu sichern und Missverständnisse zu vermeiden.

- **Rechtliche Beratung:** Ziehen Sie bei Bedarf einen Anwalt hinzu, um sicherzustellen, dass der Vertrag rechtlich bindend und fair ist.

- **Klare Definition der Leistungen und Vergütung:** Der Vertrag sollte klar definieren, welche Leistungen Sie erbringen und welche Vergütung Sie dafür erhalten.

- **Vertraulichkeit und Exklusivität:** Klären Sie, ob und in welchem Umfang Vertraulichkeit und Exklusivität vereinbart werden. Manche Partner erwarten, dass Sie im zeitlichen Umfeld nicht für einen Wettbewerber werben. Bleiben Sie glaubwürdig: Sie können nicht heute in Instagram posten, dass die Pizzeria A die beste in der Stadt ist und am nächsten Wochenende behaupten Sie dies über die Pizzeria B.

Entwicklung von digitalen Produkten

Digitale Produkte sind eine hervorragende Möglichkeit, Ihr Wissen und Ihre Expertise zu monetarisieren. Diese können in verschiedenen Formaten angeboten werden:

- **E-Books:** Schreiben Sie ein E-Book zu einem Thema, in dem Sie sich gut auskennen und das für Ihre Zielgruppe von Interesse ist.

- **Online-Kurse:** Erstellen Sie Videokurse oder Webinare, in denen Sie Ihr Wissen vermitteln. Nutzen Sie Plattformen wie Udemy oder Teachable, um Ihre Kurse zu hosten. Viele Anbieter in Instagram bieten sogenannte Webinare an, die teilweise nichts anderes als eine Ansammlung von übersichtlich langen Videos sind, in denen Wissen vermittelt wird. Von „Wie ich mit Instagram reich werde", über „Selbstständige mit Dropshipping" bis hin zu „Wie verdopple ich meine Followerzahl in 3 Monaten". Ob die Ergebnisse und Versprechen immer eintreffen, steht auf einem anderen Blatt. Die Menge der verkauften Module macht die Musik. Wenn man 1000x einen Onlinekurs, d.h. ein einmal produziertes Video für 29 Euro verkauft, hat man auch 29.000 Euro Umsatz. Über diese Methode sind schon viele reich geworden.

- **Gratis**-Lockangebote (z.B. E-Book, PDF oder Webinar), um E-Mail-Adressen von Interessenten zu einem Thema zu sammeln. Anschließend mailt man alle Käufer an, um gegen Geld etwas zu verkaufen. Ein gewisser Prozentsatz der Gratis-Kunden kauft immer. Die Gratis-

Lockangebote promotet man über Instagram, lockt die Kunden auf eine Funnel-Landingpage und hat so eine E-Mail-Adresse eines möglichen späteren Kunden, der etwas kostenpflichtig kauft.

- **Design-Templates:** Bieten Sie Designvorlagen oder Social-Media-Templates an, die Ihren Followern helfen, ihre eigenen Profile zu verbessern.

Vermarktung Ihrer digitalen Produkte

Die Vermarktung Ihrer digitalen Produkte erfordert eine gut durchdachte Strategie:

- **Content-Marketing:** Erstellen Sie wertvolle Inhalte, die Ihre Zielgruppe anziehen und Interesse an Ihren Produkten wecken.
- **E-Mail-Marketing:** Nutzen Sie E-Mail-Listen, um potenzielle Kunden über Ihre neuen Produkte zu informieren und Sonderangebote zu teilen.
- **Social Media Promotion:** Verwenden Sie Ihre Instagram-Plattform, um Ihre Produkte zu bewerben. Nutzen Sie Stories und Posts, um die Vorteile und den Nutzen Ihrer Produkte hervorzuheben.

Vertrieb und Kundenbetreuung

Der Vertrieb und die Kundenbetreuung sind entscheidend für den Erfolg Ihrer digitalen Produkte:

- **Nutzerfreundliche Plattformen:** Verwenden Sie Plattformen, die den Kauf und Download Ihrer Produkte einfach und sicher machen.

- **Kundenfeedback und Support:** Bieten Sie exzellenten Kundenservice und fordern Sie Feedback ein, um Ihre Produkte kontinuierlich zu verbessern.

Für den Verkauf digitaler Produkte gibt es zahlreiche Plattformen. Suchen Sie sich eine aus, bei der das Handling möglichst einfach ist. Kein Mensch hat Lust, sich am Smartphone durch ellenlange Formulare zu quälen.

Unterstützung beim Vertrieb digitaler Produkte gibt es z.B. durch:

- Digistore24
- CopeCart
- Elopage
- MyCommerce
- Affilicon

Was kann man denn pro 10.000 Follower in Instagram verdienen?

Die Einnahmen auf Instagram können stark variieren und hängen von verschiedenen Faktoren ab, darunter die Engagement-Rate, die Art der Inhalte, die Zielgruppe und die Branche. Für eine grobe Schätzung kann man jedoch allgemeine Richtlinien verwenden.

In Deutschland könnten Influencer pro 10.000 Follower je nach diesen Faktoren und der spezifischen Monetarisierungsstrategie unterschiedliche Beträge verdienen. Hier sind einige typische Monetarisierungsstrategien und ihre potenziellen Einnahmen:

1. **Sponsored Posts**: Influencer können für gesponserte Beiträge bezahlt werden. Der Betrag kann stark

variieren, liegt aber oft zwischen 50 und 500 Euro pro 10.000 Follower. Manche Influencer mit hoher Engagement-Rate und einer spezifischen Zielgruppe können sogar höhere Beträge verlangen. Unser Tipp: Verkaufen Sie kein Story-Posting unter 100 Euro pro 10.000 Follower. Bei 20.0000 Followern können Sie also mindestens 200 Euro pro Story-Posting (mit Link zum Partner) verdienen. Wenn die Zielgruppe stimmt, sogar noch mehr.

2. **Affiliate Marketing**: Hierbei verdienen Influencer eine Provision für den Verkauf von Produkten über ihre Affiliate-Links. Die Einnahmen können stark variieren, je nachdem, wie gut die Produkte verkauft werden. Schätzungsweise könnten Influencer etwa 50 bis 300 Euro pro 10.000 Follower monatlich verdienen, abhängig von den Produkten und der Verkaufsstrategie. Bei zur Zielgruppe passenden Produkten auch deutlich mehr.

3. **Merchandise und eigene Produkte**: Wenn Influencer ihre eigenen Produkte verkaufen, können die Einnahmen ebenfalls stark variieren. Hier gibt es keine festen Zahlen, da dies von der Art der Produkte, der Preisgestaltung und dem Verkaufserfolg abhängt.

4. **Kooperationen und langfristige Partnerschaften**: Langfristige Partnerschaften mit Marken können ebenfalls lukrativ sein. Diese Art von Kooperationen kann mehrere Tausend Euro pro Monat einbringen, abhängig von der Vereinbarung und der Anzahl der Follower. Es gibt Marken, die schon bei 10.000 oder 20.000 Euro pro Reel oder Story vierstellige Euro-Beträge bezahlen.

Zusammenfassend kann man sagen, dass Influencer in Deutschland mit 10.000 Followern grob geschätzt zwischen 50 und 500

Euro pro Monat durch gesponserte Posts verdienen können. Andere Einnahmequellen wie Affiliate-Marketing und eigene Produkte können diese Beträge weiter erhöhen.

Der Schlüssel zu hohen Einnahmen liegt in hohen Followerzahlen, die man aufbauen muss. Und das ist reine Fleißsache. Wer kontinuierlich täglich Reels und Storys postet, kann es – wenn er alles richtig macht – kaum verhindern, dass der Account eine vernünftige fünfstellige Anzahl an Followern bekommt.

Und damit kann man dann schon seinen Lebensunterhalt bestreiten, z.B. mit 50.000 Followern. Wer die richtige Zielgruppe hat, schafft dies auch schon mit 10.000 oder 20.000. Spätestens bei 50.000 echten Followern kann man von den Einnahmen aus Instagram leben.

Die Monetarisierung Ihres Instagram-Accounts kann vielfältig und lukrativ sein, wenn Sie die richtigen Strategien und Methoden anwenden. Indem Sie **verschiedene Monetarisierungsmodelle kombinieren**, professionell mit Marken und Sponsoren verhandeln und hochwertige digitale Produkte erstellen, können Sie ein **nachhaltiges Einkommen** aufbauen und Ihre Marke weiter stärken.

Nano- oder Macro-Influencer?

In der Werbewelt werden die Influencer und damit auch die Instagram-Account-Betreiber in verschiedene Kategorien eingeteilt, wenn es darum geht, Aufträge zu verteilen. Je nach Anzahl der Follower wird unterschieden nach:

- **Nano-Influencern** mit 1.000 bis 5.000 Followern
- **Micro-Influencern** mit 5.000 bis 20.000 Followern
- **Mid-Tier-Influencern** mit 20.000 bis 100.000 Followern
- **Macro-Influencern** mit 100.000 bis 1 Mio Followern
- **Mega-Influencern** mit über 1 Million Followern

Es gibt auch hiervon abweichende Einteilungen. Gesetzlich geregelt ist die Einteilung nicht.

Die Unterscheidung ist aber entscheidend für die Verdienstmöglichkeiten.

Welche Vergütung pro Post darf ich erwarten?

a) Nano-Influencer: 10 bis 70 Euro
b) Micro-Influencer: 30 bis 250 Euro
c) Mid-tier-Influencer: 200 bis 2.500 Euro
d) Macro-Influencer: 1.500 bis 12.000 Euro
e) Mega-Influencer: ab 15.000 Euro aufwärts

Hierbei handelt es sich wohlgemerkt um die Vergütung pro Posting und nicht um die Vergütung pro Monat. Die genaue Ausgestaltung ist auch abhängig davon, wie genau die Followerschaft zur gewünschten Zielgruppe passt. Wer 50.000 Follower auf

seinem Schminkkanal hat, kann mehr Geld von einer Kosmetik-
firma für einen Post verlangen als jemand, der 100.000 Follower
mit Katzenvideos erreicht hat.

Analyse und Optimierung Ihrer Instagram-Aktivitäten

Nutzung von Instagram Insights und anderen Analysetools

Instagram ist eine der beliebtesten sozialen Plattformen der Welt und bietet zahlreiche Möglichkeiten, um Ihre Marke zu fördern und ein breites Publikum zu erreichen. Um jedoch das Beste aus Ihren Instagram-Aktivitäten herauszuholen, ist es unerlässlich, Ihre Leistung regelmäßig zu analysieren und zu optimieren. In diesem Abschnitt werden wir uns auf die Nutzung von Instagram Insights und anderen Analysetools konzentrieren, um ein tieferes Verständnis für Ihre Aktivitäten zu entwickeln.

Instagram Insights

Instagram Insights ist das integrierte Analysetool von Instagram, das speziell für Geschäftskonten und Creator-Konten verfügbar ist. Es bietet eine Vielzahl von Metriken, die Ihnen helfen können, die Leistung Ihrer Beiträge, Stories und Ihres Profils zu verstehen. Wenn Sie einen professionellen Instagram-Account betreiben, erreichen Sie am Desktop die Insights unter:

https://www.instagram.com/accounts/insights

Die folgenden Grafiken zeigen einige Auszüge aus Instagram-Insights, hier z.B. für den Account „Freiburg_Nachrichten":

Follower ⓘ

19.665
Follower insgesamt

Aktivste Zeiten

| Mo | Di | Mi | Do | Fr | Sa | So |

Uhrzeit		Wert
0:00		6100
3:00		6900
6:00		7200
9:00		8000
12:00		7500
15:00		2000
18:00		1200
21:00		5000

● Follower

Auszug aus einer Instagram Insights-Ansicht. Hier kann man sich anschauen, um wieviel Uhr wieviel Follower aktiv sind. Das sollte man zum Posten neuer Reels und Stories nutzen.

Reichweite ⓘ

4.357.136
Erreichte Konten

Follower	3.064
Nicht-Follower	4.354.072

Das Interessante an der Reichweite ist, dass man mit Reels z.B. eine hohe Anzahl an Nicht-Followern trifft. Interessant, um neue Kunden zu finden.

Interaktionen ⓘ

127.999
Konten, die interagiert haben

Follower	**6.352**
Nicht-Follower	**121.647**

Die wichtigsten Informationen für Sie und Partner sind auch:

- Durchschnittsalter Ihrer Follower
- Aus welchen Städten/Ländern kommen Ihre Follower
- Wieviel Prozent reagieren?
- Sind Follower weiblich oder männlich? Wer 90% Männer als Follower hat, wird sich schwertun, Werbung für Lippenstifte zu verkaufen.

Profilübersicht

Die Profilübersicht in Instagram Insights bietet eine allgemeine Ansicht Ihrer Account-Leistung. Hier finden Sie wichtige Metriken wie die Anzahl der Follower, Impressionen, Reichweite und Profilaufrufe. Diese Daten geben Ihnen einen schnellen Überblick darüber, wie gut Ihr Profil bei Ihrem Publikum ankommt.

Beitragsanalyse

Die Beitragsanalyse zeigt Ihnen detaillierte Informationen zu jedem Ihrer Beiträge. Sie können sehen, wie viele Likes, Kommentare, Shares und Saves jeder Beitrag erhalten hat. Zusätzlich gibt es Metriken wie Impressionen, Reichweite und Engagement-Rate, die Ihnen helfen, die Effektivität Ihrer Beiträge zu bewerten.

Story-Analyse

Instagram Stories sind ein leistungsstarkes Tool, um mit Ihrem Publikum in Echtzeit zu interagieren. Die Story-Analyse zeigt Ihnen, wie viele Personen Ihre Stories angesehen haben, wie oft sie weitergeklickt oder abgebrochen wurden und welche Interaktionen stattgefunden haben. Diese Informationen sind besonders nützlich, um zu verstehen, welche Inhalte bei Ihrem Publikum gut ankommen und welche nicht.

Drittanbieter-Analysetools

Neben Instagram Insights gibt es eine Vielzahl von Drittanbieter-Analysetools, die erweiterte Funktionen und tiefere Einblicke bieten. Einige der beliebtesten Tools sind:

Hootsuite Analytics

Hootsuite Analytics bietet umfassende Berichte und Dashboards, die es Ihnen ermöglichen, Ihre Instagram-Daten zusammen mit anderen sozialen Netzwerken zu analysieren. Es bietet benutzerdefinierte Berichte, die auf Ihre spezifischen Bedürfnisse zugeschnitten werden können, sowie Empfehlungen zur Optimierung Ihrer Inhalte.

Sprout Social

Sprout Social ist ein weiteres leistungsstarkes Tool, das detaillierte Instagram-Analysen bietet. Es ermöglicht Ihnen, das Engagement zu verfolgen, Ihre Follower-Demografie zu analysieren und Trends in Ihrer Performance zu erkennen. Sprout Social bietet auch Funktionen zur Verwaltung und Planung Ihrer Beiträge.

Iconosquare

Iconosquare ist speziell für Instagram und Facebook konzipiert und bietet detaillierte Analysen zu Ihren Posts, Stories und Ihrem Account-Wachstum. Es bietet auch Wettbewerbsanalysen, die Ihnen helfen können, Ihre Performance mit der Ihrer Konkurrenten zu vergleichen.

Der Erfolg Ihrer Instagram-Strategie hängt davon ab, wie gut Sie Ihre Leistung messen und bewerten können. Hier kommen Key Performance Indicators (KPIs) ins Spiel. KPIs sind spezifische Metriken, die Ihnen helfen, den Erfolg Ihrer Instagram-Aktivitäten zu quantifizieren und zu bewerten. In diesem Abschnitt werden wir uns die wichtigsten KPIs ansehen und erläutern, wie Sie diese zur Erfolgsmessung nutzen können.

Engagement-Rate

Die Engagement-Rate ist eine der wichtigsten KPIs auf Instagram. Sie misst, wie aktiv Ihr Publikum mit Ihren Inhalten interagiert. Die Engagement-Rate kann auf verschiedene Arten berechnet werden, aber die häufigste Methode ist, die Anzahl der Likes, Kommentare und Shares durch die Anzahl der Follower zu teilen und das Ergebnis mit 100 zu multiplizieren. Eine hohe Engagement-Rate zeigt, dass Ihre Inhalte bei Ihrem Publikum gut ankommen.

Reichweite und Impressionen

Reichweite und Impressionen sind zwei weitere wichtige KPIs. Die Reichweite gibt an, wie viele eindeutige Nutzer Ihre Inhalte gesehen haben, während Impressionen die Gesamtanzahl der Ansichten Ihrer Inhalte messen, einschließlich mehrmaliger Ansichten derselben Nutzer. Eine hohe Reichweite zeigt, dass Sie ein breites Publikum erreichen, während viele Impressionen darauf hinweisen, dass Ihre Inhalte ansprechend genug sind, um mehrfach angesehen zu werden.

Follower-Wachstum

Das Follower-Wachstum ist ein direkter Indikator für die Popularität und Attraktivität Ihres Accounts. Eine stetige Zunahme der Followerzahl zeigt, dass Ihre Inhalte neue Nutzer anziehen und bestehende Nutzer halten. Es ist wichtig, das Follower-Wachstum im Kontext anderer KPIs zu betrachten, um sicherzustellen, dass Ihre wachsende Anhängerschaft auch aktiv mit Ihren Inhalten interagiert.

Klicks auf den Link in der Bio

Für viele Unternehmen ist Instagram ein Weg, um Traffic auf ihre Web-seite oder eine bestimmte Landingpage zu leiten. Die Anzahl der Klicks auf den Link in Ihrer Bio ist daher ein wichtiger KPI. Diese Metrik hilft Ihnen zu verstehen, wie gut Ihre Instagram-Inhalte Nutzer dazu motivieren, weitere Schritte zu unternehmen und mehr über Ihre Marke zu erfahren.

Conversion-Rate

Die Conversion-Rate misst, wie viele Nutzer nach dem Klick auf den Link in Ihrer Bio eine gewünschte Aktion ausgeführt haben, wie z.B. einen Kauf getätigt, sich für einen Newsletter angemeldet oder ein Formular ausgefüllt haben. Diese Metrik ist besonders wichtig für Unternehmen, die Instagram als Vertriebskanal nutzen. Eine hohe Conversion-Rate zeigt, dass Ihre Instagram-Strategie effektiv ist und Nutzer erfolgreich zu Kunden konvertiert.

Anpassung Ihrer Strategie basierend auf Daten und Feed-back

Eine der größten Stärken von Instagram als Marketing-Plattform ist die Möglichkeit, Ihre Strategie kontinuierlich basierend auf Daten und Feed-back zu optimieren. In diesem Abschnitt werden wir diskutieren, wie Sie Ihre Instagram-Strategie anpassen können, um bessere Ergebnisse zu erzielen. Es nützt nichts, nur die Daten zur Kenntnis nehmen und sich nicht zu verändern oder nicht darauf zu reagieren. Der Erfolg eines Instagram-Accounts basiert auch deutlich auf das Wechselspiel zwischen Agieren und Reagieren. Man postet etwas und analysiert die Reaktionen. Darauf basierend erstellt man die nächsten Posts.

Regelmäßige Überprüfung und Analyse

Die regelmäßige Überprüfung Ihrer Instagram-Daten ist der Schlüssel zur Optimierung Ihrer Strategie. Setzen Sie sich feste Zeiten, um Ihre Metriken zu analysieren und zu bewerten. Erstellen Sie monatliche oder wöchentliche Berichte, um Trends zu erkennen und Ihre Fortschritte zu verfolgen. Diese Berichte sollten nicht nur die KPIs, sondern auch qualitative Daten wie Kommentare und Nachrichten umfassen, um ein vollständiges Bild zu erhalten.

Experimentieren und A/B-Tests

Experimentieren Sie mit verschiedenen Arten von Inhalten, um herauszufinden, was bei Ihrem Publikum am besten ankommt. Führen Sie A/B-Tests durch, indem Sie zwei Versionen eines Beitrags oder einer Story erstellen und die Leistung vergleichen. Dies kann Ihnen helfen zu verstehen, welche Elemente – wie Bildsprache, Text oder Call-to-Actions – am effektivsten sind.

Anpassung der Inhalte

Basierend auf den Ergebnissen Ihrer Analysen und Experimente sollten Sie Ihre Inhalte anpassen. Wenn Sie feststellen, dass bestimmte Arten von Beiträgen besonders gut abschneiden, sollten Sie mehr davon erstellen. Gleichzeitig sollten Sie weniger erfolgreiche Formate überdenken oder ganz einstellen. Achten Sie darauf, Trends und saisonale Veränderungen in den Interessen Ihrer Follower zu berücksichtigen. Dazu ist es unabdingbar, Ihre Wettbewerber immer im Auge zu haben.

Zuhören und Interagieren

Zuhören ist genauso wichtig wie Datenanalyse. Achten Sie auf das Feedback, das Sie in Kommentaren, Nachrichten und Umfragen erhalten. Nutzen Sie diese Informationen, um Ihre Inhalte und Ihre Kommunikationsstrategie zu verbessern. Indem Sie aktiv mit Ihrem Publikum interagieren, können Sie eine engere Beziehung aufbauen und wertvolle Einblicke gewinnen. Streiten Sie sich nicht mit Kommentatoren oder Kritikern, sondern bedanken sich für die Rückmeldung oder äußern höfliche Formulierungen wie „Vielen Dank für Ihre Rückmeldung, - Ihr Feedback ist uns wichtig". Antworten Sie – solange Sie es noch können – manuell und nicht per immer gleicher Autoantwort. Wie in der Politik gilt: Nicht alle, die laut sind, sind auch viele. Wenn Ihnen ein einzelner Follower schreibt „Ich find Euch ganz schön scheiße", dürfen Sie nicht darauf schließen, dass Sie keiner mag. Sie dürfen auch User blockieren, die Ihnen auf die Nerven gehen. Aber immer darüber nachdenken, was den User zur Kritik gebracht hat und ob er vielleicht doch Recht hat. Kritik ist doch etwas Schönes. Wie kostenlose Unternehmensberatung. Kritik bietet immer auch die Chance zur Verbesserung.

Anpassung der Posting-Frequenz und -Zeitpunkte

Die Frequenz und die Zeitpunkte, zu denen Sie posten, können einen großen Einfluss auf Ihre Reichweite und Ihr Engagement haben. Nutzen Sie Ihre Analysedaten, um herauszufinden, wann Ihre Follower am aktivsten sind, und passen Sie Ihren Posting-Zeitplan entsprechend an. Experimentieren Sie mit unterschiedlichen Frequenzen, um das optimale Gleichgewicht zwischen Sichtbarkeit und Überflutung zu finden. Häufig sind Follower von 6 Uhr bis 12 Uhr am Mittag am aktivsten, es gibt aber auch andere Schwerpunkte. In Ihren Insights können Sie das ganz genau sehen. Viele User beginnen den Tag beim Frühstück mit einem Blick in Instagram, schauen dann bei der Bahnfahrt zur Arbeit in Instagram und auch wieder während der Arbeit und Mittagspause. Wenn Sie während der Hauptnutzungszeiten Ihrer Follower Beiträge und Reels posten, pflanzen sich diese am schnellsten fort und die Chance aufs „Viral gehen" sind am größten.

Monitoring von Mitbewerbern

Behalten Sie Ihre Mitbewerber im Auge und analysieren Sie deren Strategien. Welche Arten von Inhalten posten sie? Wie interagiert ihr Publikum? Welche Hashtags nutzen sie? Diese Informationen können Ihnen wertvolle Hinweise darauf geben, wie Sie Ihre eigene Strategie verbessern können. Nie 1:1 nachmachen, aber sich an erfolgreiche Reels anlehnen ist nicht verboten. Hinterlassen Sie aber eigene Fußstapfen. Schreiben Sie sich einige Hashtags Ihrer Wettbewerber heraus, die Sie auch benutzen wollen. Bauen Sie diese dann immer auch unter Ihre Reels ein, aber variieren Sie Hashtags individuell je nach Inhalt der Reels.

Fortlaufende Weiterbildung

Die sozialen Medien entwickeln sich ständig weiter, und es ist wichtig, auf dem neuesten Stand zu bleiben. Besuchen Sie Workshops, Webinare und lesen Sie Fachartikel, um über neue Trends und Best Practices informiert zu bleiben. Je mehr Sie über die sich verändernde Landschaft von Instagram wissen, desto besser können Sie Ihre Strategie anpassen und optimieren. Dazu gehört auch der Besuch von Messen zu diesem Thema.

Fazit

Die Analyse und Optimierung Ihrer Instagram-Aktivitäten ist ein fortlaufender Prozess, der Engagement und Aufmerksamkeit erfordert. Durch die Nutzung von Instagram Insights und anderen Analysetools können Sie wertvolle Einblicke in die Performance Ihrer Inhalte gewinnen. Indem Sie klare KPIs festlegen und regelmäßig überprüfen, können Sie den Erfolg Ihrer Strategie messen. Schließlich ermöglicht Ihnen die kontinuierliche Anpassung Ihrer Inhalte und Strategien basierend auf Daten und Feedback, Ihre Instagram-Präsenz effektiv zu steigern und Ihre Ziele zu erreichen.

Dieser systematische Ansatz wird Ihnen helfen, das Potenzial von Instagram voll auszuschöpfen und eine starke, engagierte Community um Ihre Marke herum aufzubauen.

Rechtliche Aspekte und Best Practices rund um Ihren Instagram-Account

Rechtliche Rahmenbedingungen für Influencer und Unternehmen auf Instagram

Die Nutzung von Instagram als Marketing- und Kommunikationsplattform bringt für Influencer und Unternehmen zahlreiche Chancen mit sich, erfordert jedoch auch die Einhaltung bestimmter rechtlicher Rahmenbedingungen. In diesem Abschnitt werden die wichtigsten gesetzlichen Vorgaben und Richtlinien erläutert, die für eine rechtssichere Nutzung von Instagram relevant sind.

Gewerbeanmeldung und Steuerpflicht

Influencer und Unternehmen, die auf Instagram Einnahmen erzielen, sind in der Regel verpflichtet, ein Gewerbe anzumelden. Dies gilt insbesondere, wenn regelmäßig Werbung gemacht und Produkte oder Dienstleistungen verkauft werden. Die Gewerbeanmeldung ist der erste Schritt, um offiziell und legal tätig zu werden.

Neben der Gewerbeanmeldung müssen Influencer und Unternehmen auch ihre steuerlichen Pflichten erfüllen. Einnahmen aus Instagram-Aktivitäten sind einkommensteuerpflichtig und müssen in der Steuererklärung angegeben werden. Je nach Umsatz kann auch die Umsatzsteuer relevant werden. Es ist ratsam, sich von einem Steuerberater unterstützen zu lassen, um alle steuerlichen Verpflichtungen korrekt zu erfüllen. Für das Jahr 2024 gilt in Deutschland beispielsweise eine Umsatzgrenze von 22.000 Euro pro Jahr. Wer Umsätze darüber erzielt, muss Umsatzsteuer an das Finanzamt abführen. Über die Kleinunternehmerregelung und Ausnahmen im ersten Betriebsjahr sollte man sich ggf. mit einem Steuerberater unterhalten.

Datenschutz und DSGVO

Seit dem Inkrafttreten der Datenschutz-Grundverordnung (DSGVO) im Jahr 2018 sind Unternehmen und Influencer, die personenbezogene Daten verarbeiten, verpflichtet, strenge Datenschutzrichtlinien einzuhalten. Dies betrifft insbesondere die Erhebung, Verarbeitung und Speicherung von Daten der Follower und Kunden.

Die wichtigsten Aspekte der DSGVO beinhalten:
- **Einwilligung**: Personenbezogene Daten darf man nur mit der ausdrücklicher Einwilligung der betroffenen Person erheben.
- **Transparenz**: Nutzer müssen klar und verständlich darüber informiert werden, welche Daten gesammelt werden und zu welchem Zweck.
- **Rechte der Betroffenen**: Nutzer haben das Recht auf Auskunft, Berichtigung und Löschung ihrer Daten sowie das Recht, der Verarbeitung zu widersprechen.

Ein Verstoß gegen die DSGVO kann zu erheblichen Bußgeldern führen. Daher ist es wichtig, eine Datenschutzerklärung zu erstellen und sicherzustellen, dass alle datenschutzrechtlichen Anforderungen erfüllt werden.

Wettbewerbsrecht und Schleichwerbung

Das Wettbewerbsrecht regelt den fairen Wettbewerb und soll Verbraucher vor irreführender Werbung und unlauteren Geschäftspraktiken schützen. Auf Instagram ist insbesondere die Kennzeichnung von Werbung und gesponserten Inhalten von Bedeutung.

Schleichwerbung, also Werbung, die nicht als solche gekennzeichnet ist, ist unzulässig und kann rechtliche Konsequenzen nach sich ziehen. **Um rechtssicher zu handeln, müssen Influencer und Unternehmen ihre Beiträge deutlich als Werbung kennzeichnen, wenn sie dafür bezahlt werden oder kostenlose Produkte erhalten haben.**

Die korrekte Kennzeichnung kann durch Begriffe wie "Anzeige", "Werbung" oder "Sponsored" erfolgen. Es reicht nicht aus, nur Hashtags wie

#ad oder #sponsored zu verwenden. Die Kennzeichnung muss gut sichtbar und verständlich sein, damit die Nutzer auf den ersten Blick erkennen können, dass es sich um Werbung handelt.

Kennzeichnungspflichten und Urheberrechte

Eine der häufigsten rechtlichen Herausforderungen für Influencer und Unternehmen auf Instagram ist die Einhaltung der Kennzeichnungspflichten und der Schutz von Urheberrechten. Dieser Abschnitt beleuchtet die wesentlichen Aspekte, die beachtet werden müssen, um rechtliche Probleme zu vermeiden.

Impressumspflicht

Wer seinen Instagram-Account gewerblich oder geschäftlich nutzt, um z.B. Einnahmen zu erzielen oder für ein Geschäft zu werben, muss dort auch ein Impressum zur Verfügung stellen. Dies kann z.B. durch einen Link in der Bio geschehen. Das Impressum sollte durch maximal zwei Klicks zu erreichen sein und muss neben der Anschrift des Unternehmens auch den Namen des Geschäftsführers und/oder Betreibers enthalten. Inklusiv mindestens ein ausgeschriebener Vorname. Geregelt in § 5 Abs. 1 Telemediengesetz (TMG).

Kennzeichnungspflichten für Werbung

Wie bereits im vorherigen Abschnitt erwähnt, müssen alle Formen der Werbung klar und deutlich gekennzeichnet werden. Dies betrifft sowohl direkte Werbung als auch gesponserte Beiträge und Kooperationen. Die rechtlichen Anforderungen variieren je nach Land, aber einige allgemeine Prinzipien gelten überall:

- **Deutliche Kennzeichnung**: Werbung muss eindeutig als solche erkennbar sein. Versteckte Hinweise oder verschleierte Formen der Kennzeichnung sind nicht zulässig.

- **Platzierung**: Die Kennzeichnung sollte zu Beginn des Beitrags erfolgen, nicht erst am Ende oder in den Kommentaren. Nutzer sollten sofort sehen können, dass es sich um Werbung handelt.
- **Sprache**: Die Kennzeichnung sollte in der Sprache des Beitrags verfasst sein. Internationale Hashtags wie #ad können zusätzlich verwendet werden, ersetzen jedoch nicht die erforderliche Kennzeichnung in der Landessprache.

Urheberrechte und Nutzung fremder Inhalte

Das Urheberrecht schützt die kreativen Werke von Künstlern, Fotografen, Designern und anderen Kreativen. Auf Instagram bedeutet dies, dass Bilder, Videos, Musik und andere kreative Inhalte nicht ohne Erlaubnis des Urhebers verwendet werden dürfen.

Sie können nicht einfach ein Bild von einer anderen Webseite herunterladen und im eigenen Instagram-Account nutzen. Das birgt die Gefahr der Abmahnung und, dass Ihnen jemand dafür etwas in Rechnung stellt, dass Sie sein Bild genutzt haben. Am besten erstellen Sie selbst eigene Bilder oder nutzen Bilder von kostenfreien Bilddatenbanken, wie z.B. pixabay. Instagram lebt von eigenen Bildern, also bereichern Sie die Welt um Ihre eigenen Aufnahmen!

Rechteklärung und Lizenzen

Bevor fremde Inhalte auf Instagram geteilt werden, muss sichergestellt werden, dass die notwendigen Rechte vorliegen. Dies kann durch den Kauf von Lizenzen oder durch die Einholung einer ausdrücklichen Genehmigung des Urhebers geschehen. Bei Stockfoto-Plattformen müssen die Lizenzbedingungen genau geprüft werden, um sicherzustellen, dass die geplante Nutzung abgedeckt ist.

Zitate und Quellenangaben

Das Zitieren fremder Werke ist in der Regel erlaubt, solange es sich um kurze Ausschnitte handelt und die Quelle korrekt angegeben wird. Dies gilt auch für die Verwendung von Texten, Bildern und Videos auf

Instagram. Die Quellenangabe sollte den Namen des Urhebers und, wenn möglich, einen Link zur Originalquelle enthalten.

Creative Commons und freie Lizenzen

Eine Alternative zu kostenpflichtigen Lizenzen sind Inhalte unter Creative-Commons-Lizenzen. Diese Lizenzen erlauben die Nutzung von Inhalten unter bestimmten Bedingungen, wie etwa der Nennung des Urhebers oder der Nicht-Nutzung für kommerzielle Zwecke. Es ist wichtig, die genauen Lizenzbedingungen zu kennen und einzuhalten, um rechtliche Probleme zu vermeiden.

Schutz der eigenen Inhalte

Nicht nur die Nutzung fremder Inhalte, sondern auch der Schutz der eigenen Werke ist wichtig. Influencer und Unternehmen sollten sicherstellen, dass ihre kreativen Arbeiten durch das Urheberrecht geschützt sind und entsprechende Maßnahmen ergreifen, um Urheberrechtsverletzungen zu verhindern.

Wasserzeichen und Copyright-Hinweise

Eine einfache Möglichkeit, eigene Inhalte zu schützen, ist das Hinzufügen von Wasserzeichen oder Copyright-Hinweisen. Dies macht deutlich, dass die Inhalte urheberrechtlich geschützt sind und nicht ohne Erlaubnis verwendet werden dürfen.

Meldung von Urheberrechtsverletzungen

Wenn eigene Inhalte ohne Erlaubnis verwendet werden, bietet Instagram Mechanismen zur Meldung von Urheberrechtsverletzungen. Über das entsprechende Formular können betroffene Nutzer die Entfernung der verletzenden Inhalte beantragen. Es ist ratsam, alle notwendigen Beweise und Informationen bereitzuhalten, um den Prozess zu beschleunigen.

Neben den rechtlichen Rahmenbedingungen spielt auch die ethische Verantwortung eine wichtige Rolle im Umgang mit sozialen Medien. Influencer und Unternehmen haben eine Vorbildfunktion und sollten sich ihrer Verantwortung gegenüber ihrem Publikum bewusst sein. In diesem Abschnitt werden wichtige ethische Aspekte und Best Practices erläutert.

Authentizität und Transparenz

Authentizität und Transparenz sind Schlüsselwerte für eine vertrauenswürdige und nachhaltige Präsenz auf Instagram. Nutzer schätzen es, wenn Influencer und Unternehmen ehrlich und offen kommunizieren. Alles andere kommt früher oder sowieso raus.

Ehrlichkeit bei Kooperationen

Bei Kooperationen und gesponserten Inhalten ist es wichtig, ehrlich über die Zusammenarbeit zu sprechen. Nutzer sollten wissen, ob und in welchem Umfang eine Marke oder ein Produkt unterstützt wird. Dies fördert das Vertrauen und verhindert den Eindruck von Schleichwerbung.

Persönliche Integrität

Influencer sollten sich stets bewusst sein, dass sie als Vorbilder agieren. Dies bedeutet, dass sie persönliche Werte und Überzeugungen nicht für kommerzielle Zwecke aufgeben sollten. Authentizität bedeutet auch, zu den eigenen Überzeugungen zu stehen und diese nicht für kurzfristige Gewinne zu kompromittieren.

Umgang mit Followern und Kritik

Der respektvolle Umgang mit Followern ist entscheidend für den langfristigen Erfolg auf Instagram. Dies umfasst die Interaktion mit dem Publikum sowie den Umgang mit Kritik und negativen Kommentaren.

Wertschätzung und Engagement

Follower sollten sich wertgeschätzt fühlen. Dies kann durch regelmäßige Interaktion, Beantwortung von Kommentaren und die Einbindung der Community in Entscheidungsprozesse erreicht werden. Ein positives Engagement fördert die Bindung und Loyalität der Follower.

Konstruktiver Umgang mit Kritik

Kritik ist ein unvermeidlicher Bestandteil der Präsenz in sozialen Medien. Ein konstruktiver Umgang mit Kritik ist wichtig, um das Vertrauen der Follower zu erhalten. Dies bedeutet, auf negative Kommentare höflich und sachlich zu reagieren und aus berechtigter Kritik zu lernen. Wenn Sie keine Kritik vertragen, sind Sie in den sozialen Medien falsch und sollten sich mit einem anderen Vertriebsweg befassen. Instagram ist dafür bekannt, dass Nutzer schonungslos offen sind. Teilweise schonungslos ehrlich, teilweise schonungslos ungebildet oder sogar dumm. Ein Abbild der Gesellschaft eben. Damit muss man umgehen können. Auch derjenige, der in der Schule immer auf der Reservebank beim Sport sitzen musste, traut sich nun mit Bierbauch und Bierflasche auf dem Sofa in Instagram zu dozieren, warum der Stürmer den Ball ins Tor hätte machen müssen.

Damit muss man leben können. So wie in der Coronazeit die meisten den Unterschied zwischen Virus und Bakterien nicht kannten, aber mit Mikrobiologen trefflich über Sinn oder Unsinn von Maßnahmen diskutierten.

Höflich bleiben lautet die Devise.

Verantwortung gegenüber vulnerablen Gruppen

Influencer und Unternehmen haben eine besondere Verantwortung gegenüber vulnerablen Gruppen, wie Kindern und Jugendlichen. Es ist wichtig, Inhalte zu schaffen, die für alle Altersgruppen geeignet sind, und die besonderen Bedürfnisse und Schutzanforderungen dieser Gruppen zu berücksichtigen.

Altersgerechte Inhalte

Inhalte sollten altersgerecht gestaltet sein. Dies betrifft sowohl die Sprache als auch die dargestellten Themen und Bilder. Werbung für Produkte, die für Kinder ungeeignet sind, sollte vermieden werden.

Schutz der Privatsphäre

Besondere Vorsicht ist bei der Veröffentlichung von Inhalten geboten, die Kinder und Jugendliche betreffen. Die Privatsphäre junger Menschen muss stets respektiert werden, und es sollten keine persönlichen Informationen preisgegeben werden. Viele User schätzen z.B. keine Reels über spielende Kinder oder Kinder in Badekleidung, da sie befürchten, Pädophile könnten sich an den Bildern ergötzen. Auch das Zurschaustellen der eigenen Kinder wird oft kritisiert. Das sollte man sich ersparen oder die Gesichter verpixeln.

Fazit

Die Nutzung von Instagram als Marketing- und Kommunikationsplattform bietet viele Chancen, erfordert jedoch auch die Einhaltung rechtlicher und ethischer Rahmenbedingungen. Durch die Beachtung der gesetzlichen Vorgaben, wie der Gewerbeanmeldung, Steuerpflichten und DSGVO, sowie der Kennzeichnungspflichten und Urheberrechte können Influencer und Unternehmen rechtliche Probleme vermeiden. Gleichzeitig ist die ethische Verantwortung gegenüber dem Publikum von großer Bedeutung. Authentizität, Transparenz und der respektvolle Umgang

Ein Shitstorm auf Instagram kann jeden treffen, egal ob Influencer, Unternehmen oder Privatperson. Ein kontroverser Beitrag, eine unbedachte Äußerung oder ein Missverständnis kann schnell eine Lawine von negativen Kommentaren und Reaktionen auslösen. Doch wie geht man als Instagram-Account-Betreiber damit um? Welche Schritte sollte man unternehmen, um den Shitstorm zu bewältigen und mögliche Schäden zu minimieren? In diesem Kapitel werden wir uns ausführlich mit diesen Fragen beschäftigen und praktische Tipps geben, wie man sich in solch einer Situation verhalten sollte.

1. Sofortige Reaktion oder Abwarten?

Wenn der Shitstorm losbricht, ist die erste Reaktion oft impulsiv. Doch bevor man überstürzt handelt, ist es wichtig, einen klaren Kopf zu bewahren und die Situation genau zu analysieren. Hier sind einige Überlegungen:

- **Zeitpunkt der Reaktion**: Manchmal ist es besser, nicht sofort zu reagieren, sondern etwas Zeit vergehen zu lassen, um die Gemüter etwas abkühlen zu lassen.

- **Schnelle Handlung erforderlich**: In anderen Fällen kann eine schnelle, klare Reaktion zeigen, dass man die Angelegenheit ernst nimmt und Verantwortung übernimmt.

2. Den Ursprung des Shitstorms verstehen

Bevor man reagiert, ist es wichtig, den Ursprung des Shitstorms zu verstehen. War es ein missverstandener Kommentar, ein provokanter Beitrag oder ein echtes Fehlverhalten? Hier sind einige Schritte, um den Ursprung zu ermitteln:

- **Rückblick und Analyse**: Überprüfen Sie den ursprünglichen Beitrag und die Reaktionen darauf. Verstehen Sie, welche Aspekte des Beitrags die Kontroverse ausgelöst haben könnten.

- **Externe Perspektiven einholen**: Holen Sie sich Feedback von vertrauenswürdigen Personen außerhalb Ihres direkten Umfelds ein, um verschiedene Sichtweisen zu berücksichtigen.

3. Kommunikation ist der Schlüssel

Der Umgang mit einem Shitstorm erfordert eine effektive Kommunikationsstrategie. Hier sind einige wichtige Punkte zu beachten:

- **Transparente Kommunikation**: Seien Sie transparent über die Situation und Ihre Absichten. Vermeiden Sie es, Informationen zurückzuhalten oder zu verbergen.

- **Empathie zeigen**: Zeigen Sie Empathie gegenüber den Betroffenen und versuchen Sie zu verstehen, warum sie sich verletzt oder provoziert fühlen könnten.

- **Verantwortung übernehmen**: Wenn Sie einen Fehler gemacht haben, nehmen Sie die Verantwortung dafür an und entschuldigen Sie sich aufrichtig.

4. Schritte zur Beruhigung des Shitstorms

Nun zu den konkreten Schritten, die helfen können, den Shitstorm zu beruhigen und die Situation zu bereinigen:

- **Öffentliche Stellungnahme**: Veröffentlichen Sie eine klare und gut durchdachte Stellungnahme, in der Sie die Situation erklären und Ihre Sichtweise darlegen.

- **Aktive Moderation**: Überwachen Sie die Kommentare und Reaktionen auf Ihren Beitrag aktiv. Löschen Sie beleidigende oder unangemessene Kommentare, aber seien Sie vorsichtig, keine berechtigte Kritik zu unterdrücken. Löschen Sie auf jeden Fall Kommentare, die Sätze enthalten wie „Hier sollte man entfolgen" o.ä.

- **Offen für Dialog bleiben**: Seien Sie offen für den Dialog mit Ihren Followern und denjenigen, die sich durch Ihren Beitrag verletzt fühlen. Hören Sie zu und reagieren Sie angemessen.

5. Langfristige Lektionen und Prävention

Nachdem der Shitstorm abgeflaut ist, ist es wichtig, aus der Erfahrung zu lernen und Maßnahmen zu ergreifen, um zukünftige Kontroversen zu vermeiden:

- **Überprüfung der Inhalte**: Überprüfen Sie zukünftige Inhalte sorgfältig auf potenziell kontroverse Elemente.

- **Schulung und Sensibilisierung**: Sensibilisieren Sie sich selbst und Ihr Team für kulturelle Sensibilität und mögliche Triggerpunkte in der Online-Kommunikation.

- **Krisenkommunikationsplan entwickeln**: Entwickeln Sie einen Krisenkommunikationsplan, der klare Schritte für den Umgang mit ähnlichen Situationen festlegt.

Fazit:

Ein Shitstorm auf Instagram kann eine stressige und belastende Erfahrung sein, aber mit der richtigen Herangehensweise und einer guten Kommunikationsstrategie können die meisten Situationen erfolgreich bewältigt werden. Denken Sie daran, ruhig zu bleiben, Verantwortung zu übernehmen und transparent zu kommunizieren. Nutzen Sie die Situation auch als

Lernmöglichkeit, um Ihre Online-Präsenz zu stärken und zukünftige Konflikte zu vermeiden.

Die Followerzahl geht zurück, was tun?

Wer kontinuierlich interessanten oder unterhaltsamen Content postet, wird erleben, dass die Followerzahl jeden Monat steigt. Natürlich springen jeden Tag Follower ab, aber die Anzahl der neu gewonnenen Follower sollte am Monatsende immer größer sein als die Anzahl der abgesprungenen.

Wer einen Instagram-Account betreibt, zu dessen Kernaufgaben gehört es, die Followerzahl akribisch jeden Tag zu beobachten. Nur so hat man die Chance rechtzeitig auf negative Entwicklungen Einfluss zu nehmen.

Es gibt nur drei wesentliche Gründe für zurückgehende Follower:

- **Nachlassende Posting-Aktivität**: Es wird nicht mehr in der üblichen Frequenz neu gepostet, z.B. nicht mehr mehrmals wöchentlich ein neues Reel oder nicht mehr täglich eine neue Story
- **Nachlassende Posting-Qualität**: Ihr langweilt Eure Follower, liefert verwackelte Handyvideos ohne Mehrwert
- **Unangemessene Postings oder Kommentare** durch Euch, die einen kleinen oder großen Shitstorm auslösen

Bei zurückgehenden Followerzahlen: Überprüft Eure letzten Reels und Beiträge, besonders auch Kommentare darunter. Habt Ihr vielleicht jemanden beleidigt oder hat ein Kommentator ein Reel „in den falschen Hals" bekommen?

Maßnahme 1: Richtigstellend kommentieren

Wenn das nicht hilft:

Maßnahme 2: Unangemessenen oder stark kritisierende Kommentare alle löschen. Besonders kritische Kommentatoren, die unangemessen kritisieren oder zum Entfolgen auffordern, sind zu blockieren.

Hilft das auch nicht:

Maßnahme 3: Kritisches Reel / Beitrag löschen und bei den nächsten Postings besonders aufpassen. Dann lieber etwas Seichtes senden (Blumenwiese im Sonnenschein mit dem Titel „Wie schön der Sommer doch dieses Jahr wieder ist"

Erinnert Euch daran, dass Ihr Instagram professionell betreiben wollt, damit Ihr Einnahmen erzielt und erhöht die Anzahl und die Qualität der Postings. Interessante Reels schaffen automatisch mehr Follower. Besonders solche mit Mehrwert oder Neuigkeitswert.

Neue Funktionen und Updates auf Instagram

Instagram hat sich seit seiner Einführung im Jahr 2010 kontinuierlich weiterentwickelt. Von der anfänglichen Fotoplattform hat es sich zu einem multifunktionalen sozialen Netzwerk entwickelt, das Millionen von Nutzern weltweit verbindet. Um relevant und ansprechend zu bleiben, führt Instagram regelmäßig neue Funktionen und Updates ein. In diesem Abschnitt werfen wir einen Blick auf die neuesten Funktionen und Updates, die die Art und Weise, wie wir Instagram nutzen, revolutionieren könnten.

Reels und Kurzvideos

Eine der bemerkenswertesten Ergänzungen in den letzten Jahren war die Einführung von Instagram Reels. Diese kurze Videoformate bieten Nutzern eine Plattform, um kreative und oft virale Inhalte zu teilen. Angesichts des enormen Erfolgs von TikTok war es nur logisch, dass Instagram ein ähnliches Feature einführt. Reels sind nicht nur unterhaltsam, sondern auch ein mächtiges Werkzeug für Marketing und Markenbildung.

Die Zukunft von Reels könnte in der Integration von erweiterten Bearbeitungswerkzeugen liegen, die es Nutzern ermöglichen, professionelle Videos direkt in der App zu erstellen. Zudem könnten neue Monetarisierungsoptionen eingeführt werden, um Content-Ersteller zu unterstützen.

Es hat sich als Erfolgsstrategie zum Aufbau einer großen Followeranzahl herausgestellt, dass es nützlich ist, täglich ein Reel zu veröffentlichen. Diese kann man mittels geeigneter Software auch für eine Woche im Voraus erstellen und jeden Tag automatisiert in Instagram erscheinen lassen. Allerdings sollte man dadurch nicht an Aktualität verlieren. Wenn es ein aktuelles Thema gibt, sollte man dies auch aktuell und schnell in den Instagram-Account einbauen.

Shopping-Funktionen

Instagram hat sich auch als eine bedeutende Plattform für E-Commerce etabliert. Die Einführung von Instagram Shopping ermöglicht es Unternehmen, ihre Produkte direkt über die App zu verkaufen. Zukünftige Updates könnten verbesserte Augmented Reality (AR) Funktionen beinhalten, die es Nutzern ermöglichen, Produkte virtuell auszuprobieren, bevor sie einen Kauf tätigen.

Darüber hinaus könnten personalisierte Shopping-Erlebnisse durch den Einsatz von Künstlicher Intelligenz (KI) und Machine Learning verstärkt werden. Diese Technologien könnten dazu beitragen, dass den Nutzern maßgeschneiderte Produktempfehlungen angezeigt werden, die auf ihren individuellen Interessen und Verhaltensmustern basieren.

Die aktuell am häufigsten genutzte Variante ist aktuell, von Instagram auf eine andere Webseite zu verlinken und dort den Kaufabschluss tätigen zu lassen oder Verkäufe per Messaging.

Inhalte durch KI erstellen lassen

Instagram eignet sich hervorragend, um Inhalte durch KI erstellen zu lassen oder KI als wesentliche Unterstützung zu gebrauchen. Hierdurch sind schon viele Influencer reicht geworden.

Wer noch einen Anreiz braucht, um sich zu motivieren, dies auch zu tun, schaue sich z.B. einmal den Instagram-Account

robert.prissmann

an. Ein junger Mann, der mit Motivationssprüchen und KI bereits fünfstellig pro Monat verdient haben will.

Viele Accounts leben nur von Motivationssprüchen/Motivationskacheln oder beinhalten künstliche Figuren, die Weisheiten sprechend von sich geben. Alles durch KI generiert. Wer hier schnell ist, kann sich noch den *First Mover Award* sichern und ist bei den ersten, die sich solche Accounts aufbauen.

Zukünftig werden diese Chance immer mehr Influencer ergreifen, - dann wird es wieder interessanter, handgemachte und authentische Beiträge zu senden.

Erhöhte Datenschutzmaßnahmen

Mit zunehmender Sorge um den Datenschutz und die Sicherheit der Nutzerdaten wird Instagram wahrscheinlich weitere Maßnahmen ergreifen, um die Privatsphäre seiner Nutzer zu schützen. Dies könnte die Einführung neuer Tools zur Verwaltung der eigenen Daten, verbesserte Transparenz in Bezug auf Datennutzung und -speicherung sowie strengere Richtlinien für Werbetreibende umfassen.

Zukünftige Updates könnten auch Funktionen beinhalten, die es Nutzern ermöglichen, ihre digitalen Fußabdrücke besser zu kontrollieren und zu verwalten. Dies könnte durch detailliertere Datenschutzeinstellungen und die Möglichkeit, bestimmte Datenanfragen zu überprüfen und zu genehmigen, erreicht werden.

Personalisierte Inhalte

Personalisierung ist ein wachsender Trend im Content Marketing. Nutzer erwarten zunehmend Inhalte, die auf ihre spezifischen Interessen und Bedürfnisse zugeschnitten sind. Durch den Einsatz von KI und Machine Learning können Unternehmen personalisierte Inhalte erstellen, die das Engagement und die Interaktion erhöhen.

In Zukunft könnten personalisierte Inhalte noch präziser und relevanter werden. Dies könnte durch die Integration von Daten aus verschiedenen Quellen, wie z.B. dem Surfverhalten oder dem Kaufverhalten, ermöglicht werden. Solche tiefgehenden Analysen könnten es Marken ermöglichen, hyperpersonalisierte Inhalte zu erstellen, die genau auf die Bedürfnisse jedes einzelnen Nutzers zugeschnitten sind.

Authentizität und Transparenz

In einer Zeit, in der Nutzer zunehmend skeptisch gegenüber polierten, idealisierten Darstellungen in den sozialen Medien sind, gewinnen authentische und transparente Inhalte an Bedeutung. Marken, die Transparenz zeigen und authentische Einblicke in ihre Arbeitsweise und Unternehmenskultur gewähren, bauen ein stärkeres Vertrauen bei ihrer Zielgruppe auf. Nutzer suchen keine aalglatten Accounts, sondern Accounts, die durch Ehrlichkeit und Ecken und Kanten beeindrucken. Das kann auch mal provozierend sein. Provokation erzeugt Aktion und Reaktion und das lässt die Beiträge und Reels bei mehr Usern auf dem Smartphone erscheinen.

Ein wachsender Trend könnte in der Nutzung von "Behind-the-Scenes"-Inhalten liegen, die den Nutzern einen echten Einblick in die Abläufe und Werte eines Unternehmens geben. Influencer und Marken könnten auch vermehrt auf ungefilterte und weniger bearbeitete Inhalte setzen, um eine authentischere Verbindung zu ihren Followern herzustellen.

Interaktive Inhalte

Interaktive Inhalte wie Umfragen, Quizze und interaktive Stories werden immer beliebter, da sie das Engagement der Nutzer fördern. Diese Art von Inhalten bietet nicht nur Unterhaltung, sondern ermöglicht es den Nutzern auch, aktiv an der Markenkommunikation teilzunehmen.

In Zukunft könnten interaktive Inhalte noch innovativer und immersiver werden. Der Einsatz von Augmented Reality (AR) und Virtual Reality (VR) könnte neue Möglichkeiten für interaktive Erlebnisse schaffen. Beispielsweise könnten Nutzer durch AR-Filter virtuelle Produkte ausprobieren oder an VR-Touren durch Produktionsstätten teilnehmen.

Wie Sie sich auf zukünftige Entwicklungen vorbereiten

Bleiben Sie informiert

Um mit den schnellen Veränderungen auf Instagram Schritt zu halten, ist es wichtig, stets auf dem Laufenden zu bleiben. Abonnieren Sie Branchenblogs, nehmen Sie an Webinaren und Konferenzen teil und folgen Sie den offiziellen Instagram-Updates. Wissen ist Macht, und je besser Sie über die neuesten Trends und Funktionen informiert sind, desto besser können Sie Ihre Strategie anpassen.

Flexibilität und Anpassungsfähigkeit

In der dynamischen Welt der sozialen Medien ist Flexibilität unerlässlich. Seien Sie offen, Ihre Strategien anzupassen und neue Wege auszuprobieren. Was heute funktioniert, könnte morgen veraltet sein. Eine flexible und anpassungsfähige Herangehensweise ermöglicht es Ihnen, schnell auf Veränderungen zu reagieren und neue Chancen zu nutzen.

Investieren Sie in Weiterbildung

Kontinuierliche Weiterbildung ist der Schlüssel, um in der sich ständig weiterentwickelnden Landschaft von Instagram erfolgreich zu sein. Nehmen Sie an Kursen teil, die sich mit den neuesten Entwicklungen und Best

Practices im digitalen Marketing befassen. Je mehr Sie über die technischen und strategischen Aspekte von Instagram lernen, desto besser können Sie Ihre Marketingmaßnahmen optimieren.

Netzwerken und Zusammenarbeit

Der Austausch mit anderen Fachleuten und das Networking können wertvolle Einblicke und Inspirationen bieten. Treten Sie relevanten Gruppen und Communities bei, um sich mit anderen Social-Media-Managern und Marketingexperten auszutauschen. Zusammenarbeit und Wissensaustausch können Ihnen helfen, innovative Ideen zu entwickeln und Ihre eigene Strategie zu verfeinern.

Nutzen Sie Analysen und Daten

Analysen und Daten sind unerlässlich, um den Erfolg Ihrer Instagram-Strategie zu messen und zu optimieren. Nutzen Sie die integrierten Analyse-Tools von Instagram sowie externe Tools, um Einblicke in das Verhalten Ihrer Follower und die Performance Ihrer Beiträge zu erhalten. Diese Daten können Ihnen helfen, fundierte Entscheidungen zu treffen und Ihre Inhalte kontinuierlich zu verbessern.

Fazit

Instagram entwickelt sich ständig weiter, und um erfolgreich zu bleiben, ist es entscheidend, sich an die neuesten Trends und Entwicklungen anzupassen. Durch die Nutzung neuer Funktionen und Updates, die Implementierung innovativer Content-Marketing-Strategien und die kontinuierliche Weiterbildung und Anpassung können Sie sicherstellen, dass Ihre Marke auf Instagram relevant und ansprechend bleibt. Bleiben Sie flexibel, experimentierfreudig und offen für neue Ideen, und Sie werden in der Lage sein, die Chancen zu nutzen, die die Zukunft von Instagram bietet.

Es gibt auch einige Dinge, die sollten Sie in und um Instagram nie tun:

1.) **Kaufen Sie NIEMALS Follower** für Ihren geschäftlichen Account. Niemals. Auch nicht nur 500 oder 1000. Es bringt nichts und kann im Gegenteil kontraproduktiv sein. Es behindert Sie auch beim Learning, was auf Ihrem Account ankommt und was nicht. Erstellen Sie eigenes Beiträge, eigene Reels und eigene Stories und machen Sie das regelmäßig in kurzer Frequenz. Unsere Empfehlung: TÄGLICH. Dann wächst Ihr Account organisch. Wer das regelmäßig macht, sollte in einem halben Jahr von 0 auf 20.000 Follower kommen können und in einem bis zwei Jahren auch auf 50.000 Follower. Und damit ist dann eine Zahl erreicht, mit der man so viel Geld verdienen kann, dass es auch Spaß macht.

2.) **Verkaufen Sie sich niemals unter Wert!** Wenn Sie mehr und mehr Follower haben, kommen automatisch irgendwann Firmen auf Sie zu, die bei Ihnen werben sollen. Einige kommen auf die glorreiche Idee, dass Sie das kostenlos machen könnten, weil Sie ja die Ehre haben, ein T-Shirt von denen zu verlosen. Nein. Werbung bei Ihnen ist etwas wert und bringt dem Unternehmen etwas. Also kostet sie auch Geld. Halten Sie sich nicht mit Schmarotzern auf. Die, die bei Ihnen werben vollen, verschenken ja auch nichts.

3.) **Liken Sie nicht zu viel und nicht zu schnell!** Wenn man andere, zielgruppenspezifische Accounts besucht und deren Beiträge mit einem Like versieht oder kommentiert, sorgt man für Interaktion und gewinnt ggf. so auch neue Follower. Andere lernen einen erst durch einen Kommentar auf einem Fremdaccount kennen. Wunderbar. Aber machen Sie dies nicht zu schnell im Sekundentakt: Wer zu schnell zu viele Likes verteilt und zu vielen anderen Accounts folgt, wird von Instagram gesperrt. Meist nur temporär. Aber auch 14 Tage oder 4 Wochen ohne Instagram sind ärgerlich und kosten Geld. Also lassen Sie das. Wenn Sie am Tag mal zehn anderen Accounts folgen und zwischen den einzelnen Klicks etwas Zeit vergehen lassen, schadet das nicht. Wenn Sie aber in einer Minute 50 anderen Accounts folgen und das mehrmals am Tag machen oder auch nur jeden Tag einmal, können Sie ziemlich sicher sein, dass Instagram Ihren Account mindestens temporär suspendiert. Sie können dann lesen, aber nicht mehr interagieren. Ersparen Sie sich das.

4.) **Betreiben Sie kein Hashtag**-Spamming! Sie dürfen bis zu 30 Hashtags unter Ihre Reels setzen, aber übertreiben Sie es nicht. Nutzen Sie nur Hashtags, die etwas mit dem Beitrag zu tun haben. Es nützt nichts, wenn Sie Ihr neues Käsekuchen-Rezept mit dem Hashtag #Ronaldo versehen, nur weil #Ronaldo gerade aktuell oder gefragt ist. Ihre Beiträge werden deshalb nicht öfter angeklickt oder sofort wieder weggeklickt. Ersparen Sie sich das. Meist macht es Sinn, wenn man 10-15 Hashtags nutzt, die themenrelevant zum Beitrag/Reel passen.

5.) **Schlafen Sie nicht ein.** Instagram und Reich werden mit Instagram ist Arbeit. Von nichts kommt nichts. Sie müssen regelmäßig Content auf dem Account einstellen, der für die User interessant ist. Interessante Beiträge ziehen neue Follower an und halten alte bei der Stange. Machen Sie sich selbst eine operationale Vorgabe, wie oft sie etwas posten und halten das auch konsequent ein. Auch, wenn Oma zu Besuch kommt, das Auto liegenbleibt oder der Partner sie ins Kino einlädt. Immer. Da man mit entsprechender Software das Posting auch automatisieren kann, gibt es keine Ausrede, das nicht auch zu tun. Keine.

Sie wollen mit Instagram reich werden, haben aber noch kein Unternehmen, welches Produkte oder Dienstleistungen anbietet und wissen nicht, um welches Thema sich Ihr Instagram-Account drehen sollte?

Wir haben einmal analysiert, womit sich die erfolgreichsten Instagram-Accounts (neben Promis und Anteilnahme an deren Leben) beschäftigen und sind dabei auf folgende Themen gestoßen:

1. **Mode und Style**: Outfit-Ideen, Modelabels, Trends in der Modebranche.
2. **Fitness und Gesundheit**: Workouts, gesunde Ernährung, Fitness-Tipps.
3. **Reisen und Abenteuer**: Reiseziele, schöne Landschaften, Abenteuerreisen.
4. **Essen und Kochen**: Rezepte, Food-Trends, Restaurantempfehlungen.
5. **Schönheit und Kosmetik**: Make-up-Tutorials, Hautpflege, Beauty-Produkte.
6. **Kunst und Kreativität**: Kunstwerke, DIY-Projekte, Künstlerische Inspiration.
7. **Photographie**: Fotografie-Tipps, Fotografie-Equipment, Fotoideen.
8. **Technologie und Innovation**: Gadgets, neue Technologien, digitale Trends.
9. **Nachhaltigkeit und Umwelt**: Nachhaltige Lebensweise, Umweltschutz, Recycling-Tipps.
10. **Persönliche Entwicklung**: Motivation, Selbsthilfe, Lebensweisheiten.

Suchen Sie sich eines dieser Themen heraus und finden Ihre eigene Nische. Dann bauen Sie nach und nach Ihren Account auf, indem Sie kontinuierlich posten.

Es gibt zahlreiche Influencer, die leben nur davon, auf der Welt unterwegs zu sein und schöne Landschaften und Hotels zu zeigen. Andere kochen jeden Tag ein oder zwei Gerichte und bereits das entsprechend auf und haben schnell fünf- und sechsstellige Followerzahlen.

Es ist und bleibt aber Arbeit. Erfolg fällt einem nicht in den Schoß. Konsequent dran bleiben ist der Schlüssel zum Erfolg. Und nicht aufgeben, wenn man nach einer Woche erst 50 Follower hat. Weiter machen, aber täglich.

Was unterscheidet erfolgreiche Account-Inhaber von weniger erfolgreichen?

Der erfolgreiche Instagram-Account-Inhaber ist meist nicht intelligenter als Du und hat auch nicht die bessere Kamera, sondern er verfolgt einfach sein Ziel konsequenter als Du und bleibt an der Sache dran.

Mit Instagram Geld zu verdienen ist Arbeit. Da muss man dranbleiben, es lohnt sich. Hat man ein gewisses Niveau erreicht, kann man delegieren. Die erfolgreichen Menschen dieser Welt zeichnet eins aus: Sie verfolgen konsequent ihr Ziel und ordnen andere Dinge dem unter.

Dieses Buch soll auch als Motivation dienen, den eigenen Instagram-Account nach vorne zu bringen.

Machen Sie für sich selbst die Instagram-Challenge:

Was passiert, wenn Sie 90 Tage nacheinander jeden Tag ein Reel posten und mehrere Stories? Probieren Sie es aus. Wenn Sie nicht gerade alles falsch machen, werden Sie sehen, dass dadurch die Followerzahl stark ansteigt und dies sollte sie weiter anspornen, nochmal 90 Tage dranzuhängen und nochmal.

Glossar:

Hier ist ein Glossar der wichtigsten Instagram-Begriffe, die Influencer und Nutzer häufig verwenden:

1. **Feed**: Die Hauptansicht auf Instagram, in der Nutzer die Beiträge ihrer abonnierten Konten sehen.

2. **Post**: Ein einzelner Beitrag, bestehend aus einem Bild, Video oder einem Karussell (einer Serie von Bildern/Videos).

3. **Story**: Ein temporärer Beitrag, der nach 24 Stunden automatisch verschwindet. Stories können Bilder, Videos, Texte und interaktive Elemente enthalten. Eine Story kann auch in „Highlights" dauerhaft gespeichert werden.

4. **IGTV**: Steht für "Instagram TV". Eine Plattform innerhalb von Instagram, auf der Nutzer längere Videos (über 1 Minute) hochladen konnten. Es wurde durch Instagram Video ersetzt.

5. **IG Live**: Kurzform für "Instagram Live". Ein Feature, mit dem Nutzer live vor ihren Followern streamen können.

6. **Like**: Ein digitales Zeichen der Zustimmung oder des Gefallens eines Beitrags, dargestellt durch ein Herzsymbol.

7. **Follower**: Personen, die einem Instagram-Account folgen und dessen Inhalte sehen.

8. **Hashtag**: Ein Schlagwort oder eine Phrase, die mit einem #-Symbol versehen wird, um Beiträge für bestimmte Themen oder Trends zu kategorisieren und auffindbar zu machen.

9. **Explore Page**: Eine Seite in der Instagram-App, auf der personalisierte Inhalte basierend auf den Interessen des Nutzers angezeigt werden.

10. **Bio**: Der Bereich auf einem Instagram-Profil, in dem Nutzer eine kurze Beschreibung über sich selbst oder ihren Account verfassen können.

11. **Tagging**: Das Markieren von anderen Nutzern auf einem Bild oder in einem Beitrag, oft durch das Hinzufügen ihres Instagram-Benutzernamens.

12. **Geotagging**: Das Hinzufügen eines Orts oder einer geographischen Kennzeichnung zu einem Beitrag.

13. **Carousel / Karussell**: Eine Funktion, mit der Nutzer mehrere Bilder oder Videos in einem einzigen Beitrag teilen können, die durch Wischen nach links oder rechts betrachtet werden können.

14. **Engagement**: Die Interaktionen von Followern mit einem Beitrag, einschließlich Likes, Kommentaren und Shares.

15. **Influencer**: Eine Person, die aufgrund ihrer Expertise, Autorität oder Reichweite in sozialen Medien Einfluss auf ihre Follower ausüben kann.

16. **Algorithmus**: Der Computercode, der bestimmt, welche Beiträge einem Nutzer angezeigt werden, basierend auf deren Interaktionen und Präferenzen.

17. **Explore Page**: Eine Seite in der Instagram-App, auf der personalisierte Inhalte basierend auf den Interessen des Nutzers angezeigt werden.

18. **Reels**: Kurze, unterhaltsame Videos auf Instagram, die ähnlich wie TikTok funktionieren und in der Regel 15 bis 60 Sekunden lang sind.

19. **DM (Direct Message)**: Eine private Nachricht zwischen Instagram-Nutzern, die nicht öffentlich sichtbar ist.

20. **Sponsored Post**: Ein bezahlter Beitrag, bei dem ein Unternehmen oder eine Marke einen Influencer beauftragt hat, um ihre Produkte oder Dienstleistungen zu bewerben.

Diese Begriffe sind grundlegend für das Verständnis und die Nutzung von Instagram als Plattform für Influencer-Marketing und soziale Interaktion.

Nachwort:

Indem Sie diesen Instagram-Ratgeber gekauft und/oder gelesen haben, haben Sie schon den ersten Schritt gemacht, um mit Instagram Geld zu verdienen.

Das Buch soll sie motivieren, dass Sie Ihre Träume auch in die Realität umsetzen. Träume müssen keine Träume bleiben. Gehen Sie Ihr Projekt „Instagram" einfach professionell und nachhaltig an. Lassen Sie nicht nach. Wenn das Buch das bei Ihnen erreicht hat, hat es seinen Zweck erfüllt. Wenn Sie dann noch den einen oder anderen Tipp beherzigen, geht es schneller voran.

Es haben vor Ihnen schon wesentlich dümmere Menschen geschafft, mit Instagram Geld zu verdienen. Sie können das auch. Sie müssen nur dranbleiben. Agieren und Reagieren, agieren und reagieren.

Gendern

Wir finden Frauen und Männer großartig. Wir glauben, dass Männer genau wie Frauen erfolgreich mit Instagram werden können. Wenn wir hier im Buch darauf verzichten, ständig Weiblein und Männlein aufzuführen oder leseunfreundliche Sternchen-Wörter zu nutzen, liegt das nicht daran, dass wir Frauen nicht zutrauen, mit Instagram erfolgreich zu sein, sondern daran, dass wir das Lesen leichter machen wollen.

Sie und Du

Der Autor betrachtet das „Sie" als Höflichkeitsform der Anrede und hat im Buch weitgehend die formelle Ansprache „Sie" gewählt. Wenn uns doch einmal das „Du" rausgerutscht ist, wollen wir einfach näher an Ihnen dran sein...

Und jetzt?

Und jetzt nehmen Sie sich einen Zettel und schreiben die fünf besten Ideen auf, die Ihnen für ihr nächstes Instagram-Reel einfallen. Und das wird dann umgesetzt.